堀江敏樹
Horie Toshiki

紅茶屋のつぶやき

めこん

紅茶屋のつぶやき

もくじ

第1部▼紅茶をもっとふつうに楽しく　7

◆イラスト（12 16 29 91）藤田美菜子

第1部

▼

紅茶をもっとふつうに楽しく

ゴールデンドロップ

紅茶の本ですが、ワインの話から始めたいと思います。

最近では、気の合う友人とワインを楽しむ機会も増えてきました。ワインに合うおつまみを一緒に注文することが多いので、大抵の場合は二人でフルボトルを一本注文します。さてここで、友人との話がはずんでもう少しワインが飲みたくなり、ボトルをあらためて眺めてみると、なんと残りはもうグラス一杯にも満たない量。本当ならもう一本追加したいところですが、予算や時間などもろもろの事情もあり、注文をあきらめることも。そんなときはこの残りのワイン、至福のひとすすりを友人と分かち合うことになります。

同じ渋味であるタンニンが魅力の紅茶にも、この「至福のひとすすり」が存在します。日本紅茶協会の講習会の手順に、紅茶をカップに注ぐときの〝最後の一滴はベストドロップやゴールデンドロップと言われて、特においしいとされ、この一滴はそのときの主賓に淹れるのだとさえ言われています〟とあります。紅茶の場合はワインと違って、成分がティーポットの中で時間が経つにつれて抽出されるので、最後の一滴がもっとも成分が濃くなるわけです。これは品質のよい紅茶ほど、好ましい滋味が残ります。その意味から、お店などで提供される紅茶のポットに茶葉が入っていないものを見ると、本当にがっかりさせられます。ぬるい湯や、茶葉の量が極端に少ない場合も同様です。

紅茶が本当に好きな人を観察していると、かならず茶葉入り紅茶の最後の濃いところを一滴あまさず飲み干しているようで、紅茶屋としては本当に嬉しい気持ちになります。逆にごてごてと飾り立てられた生フルーツ入り紅茶やたっぷり着香されたフレーバーティーを注文したり、イギリスのブランドがどうのとかシーズナルティーを摂氏何度で何分何十秒とか一見マニアックなうんちくを語ったりする人に、案外と紅茶を残す人が多いようです。

いろいろと理屈をこねくりまわす前に、まずはポットで提供された紅茶を最後の一滴まで飲み干してほしいものです。

一杯の紅茶からはじまる一日。

インスタントラーメンと紅茶

マニュアル通りに紅茶を淹れている一部の人たち、または今習われている方にとっては、ちょっと茶化したような、不謹慎な表現に受け取られるかもしれませんが、お許しください。

私が長年紅茶と付き合っていて理解できたのは、日本では「紅茶を淹れるのは非常にむつかしい」という見方がいつの間にか支配的になっているということです。だから、「紅茶の上手な淹れ方教室」なるものが氾濫する結果になるのです。そう言う私自身もこの傾向に多少加担している場合もあり、内心恥じ入る部分もあるのですが……。

こんな話があります。

最近、私の友人がオーストラリア料理とワインの店を開店しました。もちろん、彼の料理の技術とオーストラリアワインの知識はかなりのものです。ただまことに残念ながら、彼は三年間オーストラリアにいながら、オーストラリアが英連邦のひとつであり、最近では紅茶も輸入に頼らずイギリスのプランテーション方式でかなりの量を生産し、オーストラリア土産の定番にもなりつつあるという情報を持っていなかったのです。ドリンクメニューを見せてもらったところ、紅茶に関してはコンセプトがなく、しかもコーヒーメーカーで淹れていました。

そこで私はさっそく、この際日本ではまだあまり認知されていないオーストラリア産の紅茶をポットで提供することを提案しました。

すると、顧客にも大好評。これでパーフェクトなオーストラリア料理店になったわけです。その彼曰く「紅茶って実に簡単ですね。もろもろの雑知識を習得するための勉強以外は、あえて習いに行く必要がないんですね…」。

さて、話は少し飛びますが、ここでちょっとインスタントラーメンとうどんを思い出してください。熱湯を入れて三分と五分。日常生活に密着した食品であるため、インスタントラーメンやうどんを作る際は誰も、どこかの紅茶専門店にあるような砂時計は使いません。経験や習慣で食べごろを習得しているからです。

一方、紅茶はどうでしょう。通常、ポットで紅茶を提供する場合は、カップ二～三杯以上の紅茶が入っています。一杯目は砂時計で三～五分計って飲めば問題ありませんが、さあ、二杯目が大変。やれ苦くなる、渋くなると大騒ぎです。

でも、まあ安心してください。次頁の図にあるように、ラーメンやうどんは時間が経過するとおいしくなくなります。麺が水分を吸いすぎて本来の味わいを失ってしまうからです。しかし、紅茶は時間の経過後もその成分がしっかりと抽出され、差し湯またはミルクで調節して、おいしいまま味わうことができるのです。特に最後の一滴はベストドロップやゴールデンドロップと呼ばれ、イギリスでは客人にサーブするもっともおいしいところとして知られています。

紅茶を華やかで優雅なものだと思っている方がいらっしゃいます。もちろんそのような側面もありま

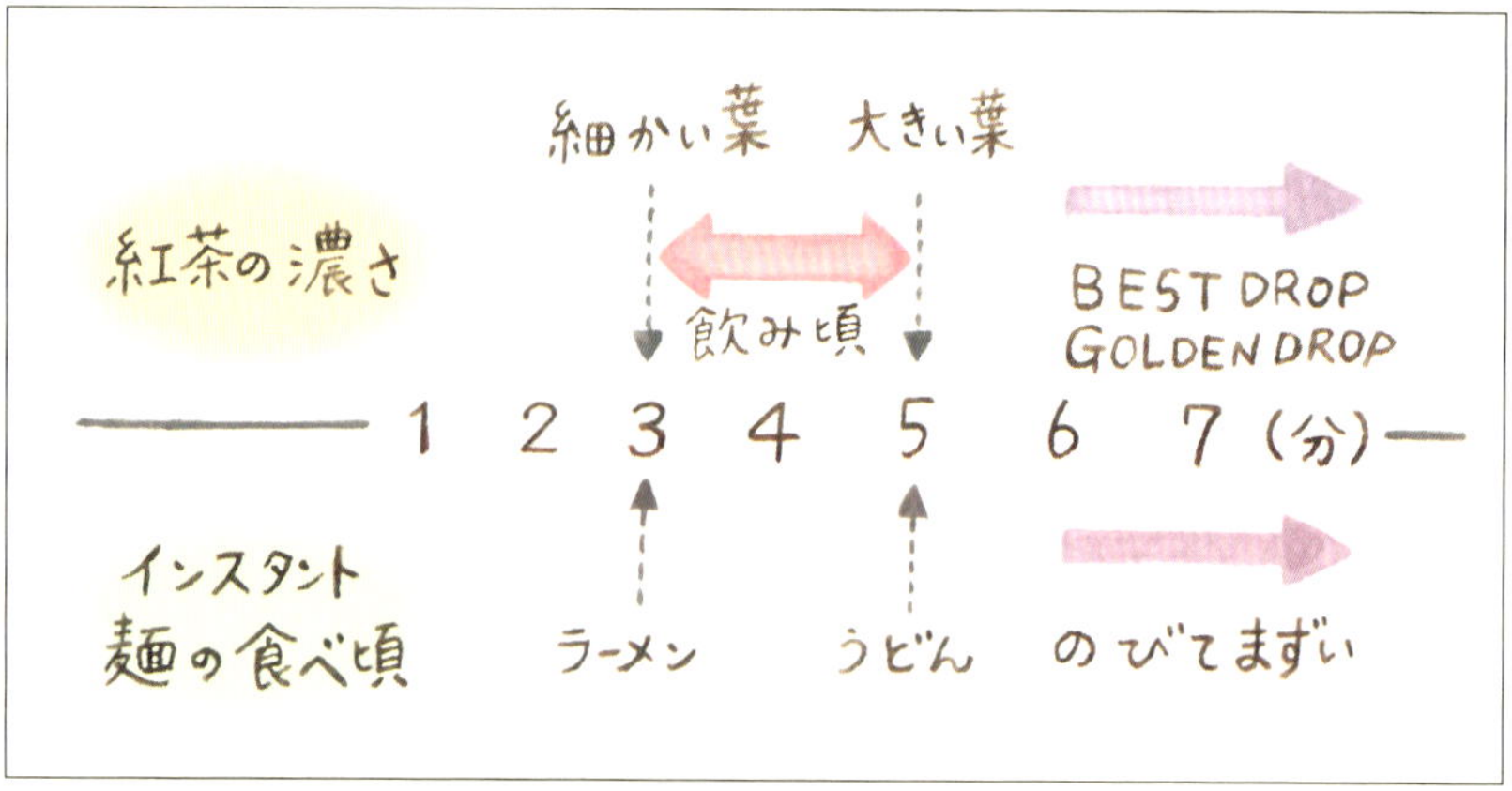

すのでけっして否定はしません。ただ、今の紅茶の世界はその側面ばかりが強調され過ぎ、日常生活にきちんとした形で入っていかないのです。インスタントラーメンやうどんは熱湯を注げばできあがりの簡単な食べ物です。同じようにリーフティーもティーバッグも熱湯を注げばできあがり。紅茶を「特別なもの」とまつりあげるのではなく、もっとふつうに楽しく飲みたいものです。

紅茶と砂時計

まず湯を沸かしポットを温めるところから私の朝は始まります。一人のときは茶葉をＢＯＰで六〜七グラム、ＯＰで八〜一〇グラム、妻が参加する場合はその倍、友人が宿泊した場合は三倍をポットにぶち込み、沸騰したての湯を注ぎ、ティーコージーと呼ばれるティーポット用保温カバーを被せる、まずこれが一連の流れ。あとは服を着替えて顔を洗い、朝食の準備をします。

けっこうな時間が経ったこのあたりでようやくカップに紅茶を注ぎ、濃さやその時の気分で牛乳をたっぷりと入れたり、湯で薄めたりして、朝食とともにモーニングティーを楽しむのが毎日の習慣です。紅茶を淹れるこの方法や習慣は、私が商用でよく行くシンガポールやインド、スリランカ、ニュージーランドの友人宅でもまったく変わりなく、日常茶飯ならぬ日常茶飲に繰り返されているものです。

ところが、なぜか、日本の「紅茶専門店」なる店に入ると「砂時計」が添えられて紅茶が提供される場合が多々あります。きょうは胃の調子がよくないので薄めの紅茶を飲もうと、砂が完全に落ちないうちにカップに注ごうものなら、ウェイトレスに「このひと、紅茶のことなんも知らないのね」と軽蔑の目で見られたり、逆にたっぷり牛乳を入れた思いっきり濃い紅茶を飲もうと、砂が完全に落ちた後も数分置いたままにしておくと、「早く飲まないと濃くなりすぎるのでは」とハラハラしたような目で見られたりします。

しかしながら、紅茶を日常ポットで飲むのに砂時計を持ってくる国なんて恐らく日本だけでしょう。もちろん、茶商がティーテイスティングをする場合、たくさんのサンプル茶を同じ条件で審査するため、時間の経過を知るために砂時計やタイマーを使用するのは当然です。また講習会等で、茶葉の形状によって抽出時間の違いなどを確認するために使用されることもあります。

しかし、前の項でも書きましたが、インスタント麺を作る際に熱湯を入れてから砂時計で時間を計るひとはまずいません。急須で淹れた日本茶の場合も同様に、砂時計は使われません。それではなぜ紅茶に砂時計が付いてくるのでしょうか？

紅茶を頼むと砂時計がついてくるお店も少なくありません。

紅茶ブームで日本中に専門店が増えていても、実際のところは日常飲む存在にはなっていないことが一番の理由でしょう。ティーポットを使って飲まれる頻度が少ないこともあるでしょう。さらに付け加えれば、紅茶の持つ舶来品イメージに対するコンプレックス。砂時計を添えることによる「演出効果」も無視できないのでしょうね。ポットに茶葉が入っていないにもかかわらず、砂時計を添えてポットティーを提供する喫茶店がありましたから。

流行語になった「ジャンピング」

ＮＨＫの人気テレビ番組「ためしてガッテン」で、丸型のガラスポットを利用して、不透明な陶磁器では確認のできない「ジャンピング」――茶葉がポットの中で浮かんだり沈んだりを繰り返す現象――が詳しく説明されていました。

紅茶を淹れたときの条件が正しければ、茶葉が自然に回転し紅茶の成分をうまく抽出できる。それを「ジャンピング」と呼ぶわけですが、私がティーポットを使った紅茶の普及活動を始めた一九七一年頃にもそのことはわかっていました。ただ、「ジャンピング」という言葉はまだ一般的にはなっていませんでした。この言葉がよく聞かれるようになったのは、最近のことです。

さて、以前お店に来られたお客さまから、笑うに笑えない悲惨な話を聞いてしまいました。ある日、その方（年配の男性）は、娘さんに紅茶のおいしいお店があるというので連れていってもらったそうです。そして、そこで紅茶に大変興味を引かれ、そのお店の店主が最近出版されたどちらかと言えば入門者向けの画像やイラストの多い本を著者サイン入りで購入され、さらに店主直々にポットによる紅茶の淹れ方を伝授してもらったというのです。

店主は、紅茶をおいしく淹れる大切なポイントは、沸騰したケトルを思いきり上の方に持ち上げてティーポットめがけてお湯を注ぎ入れるというところにあると説明してくれました。そうすることに

左はオーソドックスな「ポットをケトルに近づける」淹れ方。右は最近流行の淹れ方。熱湯が飛び散って危険。
［イラスト・藤田美菜子］

よって、茶葉が十分にポットの中で〝ジャンピング〟するのだそうです。

その行為は間違いなく一理あります。でも、ちょっと待ってください。このやり方を実践するのには、かなりの訓練とパフォーマンス的意味合いの職人技（マレーシアやシンガポールの紅茶屋台で行なわれている「テ・タレック Teh-tarik」という濾過《ろか》法の紅茶をご覧になったことがある方は、それを思い出してみてください）が要求されるのです。素人が簡単にできるものではありません。

にもかかわらず、そのお客さまは茶葉のジャンピングのため、所定の行為を指導どおり家庭で実践しました。その結果どうなったか？　沸騰したお湯はティーポットに入ると同時に、ほぼそれと同量が、ポットを支えている手にも飛び散りました。お客さまはおいしい紅茶を味わう代償としてのやけどの痕を苦笑しながら私に示してくださいました。

こうなると、紅茶を淹れるのは楽しみでなく、苦痛になるわけです。家庭で紅茶を楽しむためには、たとえ子どもであっても高齢者であっても、茶道具をふつうに扱うことができれば、ジャンピングという流行語に惑わされることなくおいしく飲めます。紅茶飲みの国、イギリスの諺にある「ポットをケトルの方に待っていけ」でも茶葉はポットの中で完全に開いてくれるものです。あえてジャンピングを確認するためにガラスのポットは必要ではないのです。家庭にある急須（緑茶用でかまいません）で十分です。茶葉を入れて熱湯を注ぎ、しばらく経ってから急須の蓋を開けてみてください、しっかりと茶葉が開いているはずです。

日本においては権威のある人や資格のある人のマニュアル化されたうんちくに振り回され、紅茶を淹れるという簡単な行為がご大層な儀式になってしまった結果、淹れ方になんの理屈もいらないペットボトルや缶入りのRTD-Teaに茶消費が移行しているようです。ティーインストラクターが増えれば増えるほど、紅茶・緑茶の茶葉消費が減っていくというパラドックスもその一例かも知れません。茶は家庭において親が子どもに急須（ティーポット）を使ってなんの気負いもてらいもなくふつうに伝承していく、即ち文化の蓄積であるべきもので、一過性のパフォーマンスであってはならないと思います。

注：ＣＴＣ（早く濃く抽出できるように「Crush 砕く、Tear 裂く、Curl 丸める」の製法で作られた、丸い形状の茶葉）ではジャンピングは起こりません。

キウイ・ハズバンド

ニュージーランドの商業都市であるオークランドの友人宅に滞在したおり、毎朝そこのご主人が奥さまのために先に起床、湯を沸かしてポット入り紅茶をいそいそとベッドルームに運ぶ姿を見かけたものです。私の家内もニュージーランドの著名な紅茶パッカーの社長宅に滞在したおり、やはり社長自ら家内のためにベッドティーを準備して下さったということで、それが強く印象に残っていると言っています。

イギリス以上にイギリス的な部分の多いニュージーランドでは、今も頑固にイギリスの伝統的な習慣のひとつであるアーリーモーニングティー（ベッドティー）が家庭で実行されています。誠にほほえましいと思います。

ニュージーランドといえばキウイという果物、または同名の尾も翼もない小型ダチョウ類の走鳥が有名で、そのイメージからニュージーランド人のこともそう呼ぶそうです（ちなみに地上勤務のニュージーランドの空軍兵士も、空を飛ばないということでそう呼ばれているそうです）。また、奥さまのためにベッドまで紅茶を運ぶ旦那さんを「キウイ・ハズバンド」と呼ぶとのこと。紅茶好きな日本女性はニュージーランド人の旦那さんを持つと幸せになれますよ。

さて、イギリスではそのベッドティーに使用されるのが上級茶ではなく、"English Breakfast""Ceylon

Breakfast”“Irish Breakfast”などの名称で各パッカーが商品化しているものです。今ではおもにインドやスリランカ、ケニヤの原茶が各パッカーのブレンディング技術で比較的安価な日常茶に仕上げられ

ニュージーランドのキッチン。ティーコージーは手編みのものが多く見られます。

ています。このイングリッシュ・ブレックファストも、歴史的に見れば、元は中国の安徽省《あんきしょう》祁門《キーマン》で生産されるキーマン紅茶だったそうです。ちなみにアメリカで販売されている「HARNEY&SONS」のイングリッシュ・ブレックファストには、今でもキーマン紅茶が使用されています。ニュージーランドで日常飲まれている紅茶は、イギリスと同じく上級茶でない安価なブレックファスト・ティータイプが主流なので、特別な場合以外はベッドティーとしてもそれらを使用しています。

ちなみに、以前から私の店においても、日常茶として、DOJIMA BREAKFASTの名称で紅茶好きに満足のいく品質のものを安価で販売しております。不思議なもので、ファッション性がなくとも日常茶は年毎にリピーターが定着するので、販売する側としては非常に手応えがあり、なんとしても消費者に品質価格両面で還元したい姿勢になるもので、利益率こそ低いのですが、販売側と消費者との間に非常に好ましい親近感が生まれます。

最近は三五〇グラムのパケットを数パックまとめ買いされる男性も多くなりました。これは恐らく、男性とご家族の分と隣近所の方の分を、奥さまから頼まれて買いに来られているのでしょう。私はこの微笑ましい男性方を「日本のキウイ・ハズバンド」と勝手に呼ばせてもらっています。ひょっとしたら、毎朝奥さまのためにティーポット入り紅茶を淹れていらっしゃるのでは、と想像すると、本当に楽しくなります。この辺にうわべだけではない、日本における本来の紅茶消費の姿があるのではないでしょうか。

子どもと紅茶

紅茶を楽しむことが「あたりまえ」でない日本では、子連れお断りの紅茶専門店がずいぶん多いそうです。ある紅茶の店のショップカードには「当店のご利用は小学生以上とさせていただきます」とありました。またベビーカーで赤ちゃんを連れて紅茶店を訪れたところ、子連れとの理由で入店を断られた方もあったそうです。後者の話は間接的に聞いたので、店の真意はわかりません。いずれにしても私にとってはとても不思議であり、どうしても納得できないことです。

しかし、このようなことが起きても不思議でないのが現代の日本における紅茶の位置なのでしょう。それは、華麗で、子ども抜きで、うわべだけの非日常世界というものです。とはいえ、店のポリシーは経営者に委ねられるものであり、私が立ち入るべき問題ではないのでしょうが。

ところで先日、私の講習会「紅茶と上手につきあう法」の主催事務局から電話がかかってきました。その内容は「今回の講習に小学六年生の児童が単独で受講したいとのことなのですが、受け付けてもよいでしょうか」とのこと。もちろん、ぜひ受講してくださいと即答しました。カルチャーセンターの受講者といえば比較的高齢者が多いのがふつうですが、小学六年生が参加するのは私にとって初めての経験です。講習会の日が楽しみになりました。

さて当日。付き添いにお母さんが来られましたが、お嬢さんを残し会場の外へ。その回は一二歳の彼女を中心に話を少しやさしく進めましたが、結果として案じる必要はなく、途中からは年齢をまったく意識することのないまま講習は無事終了。彼女はしっかりとノートを取っており、理解度の高さがひしひしと感じ取れました。

紅茶というものは大層に構えて飲むものではありません。子どもも大人も一緒になって湯を沸かし、ポットを温めて茶葉を入れ、しばらく待って茶葉の成分を抽出してやればそれで美味な紅茶のできあがり。皆ががやがやと楽しく「茶」をすれば、自然にC（Communication）H（Hospitality）A（Association）もできあがるというものです。

私の友人、日本茶の茶商であり紅茶人間の小原義弘氏が、ある小学校の少し問題児の多いクラスで緑茶と紅茶の講習をした結果、そのクラスにいろいろな面でよい変化が現れたそうです。大人も子どももも関係なく、一緒にコミュニケーションを取り、紅茶や茶を楽しむことのできる環境を作ることの大切さが、現代に暮らす私たちにとって一番必要なのだと思われました。

保育園のチャイ

日常的に紅茶は嗜好飲料として位置・価値付けされています。ところが茶商としての経験の中で、紅茶が嗜好飲料としてよりもむしろ生命維持を目的とした食事の一部として受け止められているという強烈な印象を受けた場面が二回ありました。もちろん、この場合の紅茶はオーソドックスな英国式紅茶（淹茶法）ではなく、煮出法によるチャイのことなのですが。

ひとつはインド・ダージリンの「チベット難民センター」（Tibetan Refugee Self-Help Centre）で遭遇した食事の一部としての数百人分のチャイ。そして同じくインドの、マザーテレサ女史の活動施設のひとつであった「死を待つ人びとの家」で出会った、死にゆくひとの最後の飲食となる荘厳なチャイ。

紅茶を扱っている上で、特に日常生活において安易に自動販売機からペットボトル入りのRTD-Teaが消費されている日本の現状を垣間見ている私にとって、その場面はどちらも強烈で脳裏から離れることがないのです。同じ紅茶でありながらこの二つの場面は「茶」とは創造主が人類に与えてくださった、神聖で財産的な農産物であることを思い起こさせ、茶と人間との究極的な関わりを象徴しているとも言えるのではないでしょうか。反対に、自動販売機による消費は私にとっては創造主に対する冒瀆のように思えてなりません。

ところで、今回のチャイの話は悲しい場面でのチャイではなく、創造主が平和な未来のために準備してくださった非常に明るいものです。いま流行のオシャレな紅茶とはいっさい関係のない、マスコミにも取り扱われない世界の話ではありますが。あるとき「チベット難民センター」で遭遇した、チャイを大鍋で大量に作るのとまったく同じ場面に、ダージリンから遠く離れた大阪のある保育園で出会ったのです。これは私にとって、かつて日本で経験したことのない大事件でした。インド人の多くが阪神間に居住していた関係で一九五〇年代頃からチャイが関西には根づいていたのですが、その影響が保育園にまでしっかりと浸透していたのです。私は感激のあまり、何回かその保育園を訪問させていただき、その微笑ましい情景を写真に撮ったりしていたところ、私の友人である日本紅茶協会ティーインストラクターの榊原紀子さんがうまくレポートしてくれましたので、以下に紹介します。

…そんな大阪の地に、「みるくこうちゃ」という名前で、もう三七年程前から子どもたちにチャイを飲ませている保育園があります。大阪市西成区の花園和敬学園では、週に一～二回、園長の山本教道先生が、通常、カレーなどの煮込み料理を作るときに使う、業務用の大型の回転鍋（内径約七〇センチ、深さ約五〇センチ）を利用して作っておられます。一七〇人の園児と先生がたの分を一度に作るので、「みるくこうちゃ」が給食に登場するのは、基本的にミンチカツなどのホットドッグと果物、といったパン食メニューとの組み合わせになります。

私が伺った日は一二月のお誕生会で、イチゴのケーキと一緒に出されることになりました。風邪で四〇人の欠席があり、今日は少なめ、と言いながらも、まずはたっぷり約二〇リットルのお湯を沸かしました。ほぼ沸点に達したところで、二〇〇グラムの茶葉が入った手作りのさらしの袋を鍋に入れ、二〜三分ほど煮出します。状態を確認して袋を取り出し、市販の普通の牛乳を約一〇リットル加えます。砂糖は二キログラム用意されていますが、季節や一緒にとる食べ物とのバランスを考えて最適な量に調整し、少しずつ加えながら煮込んでいきます。味見を重ねて、体験的に掴んだ「子どもの好きな甘さ」に仕上げられ、教室用の大きなヤカンに移し変えられます。

五歳児クラス（二〇名）のお誕生会にお邪魔しました。みんな人なつっこい笑顔です。

――「みるくこうちゃ」、好きなひと〜？「はあ〜い!!」見事に一斉に手があがりました。

――どんなとこが好き〜？「あまいの〜！」「おいしいの〜！」

――じゃあ、牛乳嫌いは〜？「はあい」三人。「でもみるくこうちゃならだいじょうぶぅ」。

きっかけは、園長先生が子どものころ通われていた別の幼稚園で「みるくこうちゃ」が出され、それを知った園長先生のご両親が、栄養面などに興味を持たれ、ご自分たちの運営する学園に取り入れられた、ということです。…

最近では、すっかり成長した卒園生から、紅茶とミルクが醸し出す愛情こもった味を懐かしむ話が聞かれるそうです。

「みるくこうちゃ」の日の風景。

紅茶はポットで

日本で紅茶の輸入が自由化されたのは一九七一年。当時の紅茶の淹れ方はといえばティーカップやマグカップに乗せた茶こしの中に茶葉を直接入れて、お湯を上からかけるやり方でした。濾過法という淹れ方です。この淹れ方はそれなりに色がつき、少しの茶葉で何杯も淹れられる上、ティーポットや急須を使う必要がない手軽さからまたたく間に日本を席捲しました。

この淹れ方による「色つきお湯」にレモンを入れるスタイルがあまりにも世間に浸透したため、今でも喫茶店や一部の家庭では限りなく色つきお湯のようなあのレモン入りの紅茶が提供されています。ある意味、日本での「伝統的紅茶」になったのかもしれません。

こんな状況を憂いた私は、紅茶を世界共通の「茶」として扱うための抽出道具として、一九七四年に紅茶のお店を開くとき、同時にティーポットの販売をスタートさせました。白磁でできた少し背の高いポットが今でもその当時と同じデザインで、店内でまた他店や家庭で使われています。

ところが最近のテレビや雑誌などで、ポットの形に対して「こうあらねばならない」というような定義づけがいわゆる「専門家」によってされはじめました。たとえば胴に丸いふくらみがあり、中で対流（ジャンピング）が起きやすい横広のものがよい、またその様子をよく観察できるガラス製がベストであるなどなど…。その結果、特に紅茶に興味を持ち始めたビギナーの方たちの間で、なにがなんでもガラスのポットで茶葉をジャンピングさせて淹れねば！　という納得できない風潮が生まれました。実際にはCTCのようにジャンピングしない茶葉もあるのですが…。

紅茶が飲まれている国で使われているポットは、実際には、背の高いものもあれば、裾広がりのピラミッド型、極端に横広がりのもの、動物の形をしたものと多種多様で、その素材も陶器、白磁器、アルミ、ステンレス、銀などさまざまです。紅茶好きの方は好きなものをTPOで自由に使い分けています。私自身は毎朝阪神・淡路大震災で少し注ぎ口の欠けた、約四〇年前のノリタケの六カップ用を大切に使っています。マニュアル化されたことが好きなティーインストラクターに見られたら多分クレームをつけられそうな裾広がりのピラミッド型です。

ジャンピングや素材などを気にしないで紅茶を飲みたければ、緑茶にいつも使っている急須でもまったく問題ありません。紅茶というものは眉をしかめてむつかしいことを語りながらより、もっとふつうに楽しく飲みたいものです。ティーインストラクターやアドバイザー、ソムリエといったいわゆる「紅茶専門家」が増えれば増えるほど紅茶が普及しにくくなる、という私の仮説はいかがでしょうか。

ティーハウスムジカのオリジナルティーポット。

「フランス式」「イギリス式」

以前、お客さまから電話で次のような問い合わせがありました。「お宅の紅茶の淹れ方は「フランス式」でしょうか？　それとも「イギリス式」でしょうか？」。長年紅茶を提供していながら意味がわからず、そのときはちょっと返答に困りました。「イギリス式」はティーポットに茶葉を入れて提供する伝統的な方法、と直ちにわかりますが、さて「フランス式」となると、ちょっと考え込んでしまいます。ワインの話ならいざ知らず、あまり紅茶を消費しないフランスでの紅茶の話とは。

紅茶と言えばひと昔前は盲目的に英国紅茶のブランドが持てはやされたものですが、それがいつの間にかフランスや、イギリス以外で王室のあるヨーロッパ各国の紅茶のブランドが持てはやされ、街に出かけるとフランス語の店名の紅茶屋さんを多く見かけるようになりました。このフランス（風）の店が増え、そこで提供されている紅茶を、どうも「フランス式」と称し、一部の紅茶マニアの方がそう呼んでいるらしいのです。

さて「イギリス式」とどこが異なるか？　それはティーポットに茶葉が入っていないところです。習慣的に、茶葉をティーポットに入れてかれこれ五〇年も紅茶を楽しんできた私のような者にとっては、この「フランス式」には違和感と少々の不満を覚えます。不満の理由はなにか。紅茶は嗜好品であるにもかかわらず、茶葉を抜いてしまっては飲み手の好みの「濃さ」にあとから調節ができないというところです。それに対して「フランス式」の正当性の主張の要点は、茶葉を抜いて提供するので、理想的な同じ「濃さ」の紅茶をティーポットに入っているだけ（二〜三杯）楽しむことができるということです。

断然イギリス式擁護派の私ですが、実は大昔にこんなことがありました。「紅茶屋さん」を始めた一九七二年当時、日本ではティーポットで紅茶を飲む習慣がありませんでした。そんな環境で茶葉を入れたままティーポットで紅茶を提供した場合、その扱い方でいろいろとやっかいな問題が起こることが想定できます。そこで、オープン後約一年間は茶葉抜きのティーポットで提供しました。その時の提供法が、実は「フランス式」です。

どのように淹れるか説明しますと、蓋付きで保温力のあるホーロー製（ダンスク社の厚手のもの）の片手鍋を使って、新鮮な水を沸騰させ、沸騰した時点で茶葉（一人分二カップにつきBOPなら六〜七グラム、OPなら八〜一〇グラム）を入れ、蓋をして、火を消します。あとは茶葉の大きさに合わせ、茶葉が完全に開き紅茶の成分が抽出される時間（三〜五分）を待って、抽出された紅茶をティーポットにストレーナー（茶殻こし）で濾して入れます。

ところが、この方法で提供していると、お客さまから、嗜好品である紅茶の「濃さ」を自由に選択できない欠点を指摘されることが多くなりました。そこである日から、ティーポットに直接茶葉を入れて、ストレーナーを添えて提供する方法に切り替えました。と同時に、この方法に関して一〇〇名のお客さまからアンケートを取らせていただきました。すると七八名が賛成、一三名が前の方がよい、九名が回答なしという結果が出ました。それ以来、茶葉販売店での試飲で紅茶を提供している現在に至るまで、一貫してこの方法で提供しております。私の店はもちろん、紅茶好きの友人たちの家に招かれても、また紅茶の消費国・生産国に滞在しても、このスタイルです。

ところが、最近、茶葉抜き提供の「フランス式」の店が増えてきたのです。当然、「イギリス式」の茶葉入りに慣れた消費者には不満が生じます。いったいなぜこのような傾向になってしまったのか、その原因を約四〇年前の資料から探ってみましょう。

上記のアンケートで「ポットの中に茶葉不要」派の、具体的に記入して下さった方の回答内容をピックアップしました。またその回答に対しての「ポットに茶葉入り」派である私のコメントを追記しておきます。

▼「フランス式」派の回答理由

A…ポットに茶葉が入ったものは、長時間いる場合に向かない。ただし一杯分の場合は、この方法が良い。

B…一杯目は自分の好みで飲めるが、二杯目が濃くなる。

C…最初はムードがあって良いと思う。二杯目が苦くなり過ぎるようです。この方法でサーブする場合、もうひとつ「空のポット」を用意してほしい。

▼「イギリス式」派である私のコメント

A…喫茶等で長時間滞在することを前提とした回答で、もしこの飲み手が、紅茶が濃くなった場合、追加の湯を注文することを知っていれば問題がないと思います。またはミルクをたっぷりと入れるか。

同じ回答の中で「一杯分の場合は、この方法が良い」とあります。この回答の根拠は、それまで日本では喫茶店での紅茶はカップ提供が中心で、ポットで提供する習慣がなかったことです。ついでながら、ポットで提供されても茶葉がカップ一杯分（三〜四グラム）で湯（約三六〇〜四〇〇cc）が二杯分の店もあります。

B…これも湯を注文するか、ミルクをたっぷりと使えば解決です。

C…これも濃い紅茶を「苦い（渋い）」と表現する、日本でのあの「色つき湯紅茶（レモン味の場合もあり）」の長期にわたる悪しき習慣に起因します。この現象がペットボトルや缶入りのRTD-Teaの味に引き継がれています。しかし最近ではRTD-Teaといえども「本格的な渋味のある濃いミルクティー」をキーワードに使い始めました。また回答の「ポットはムードがあって良い」と受け止められるのは、ポットが紅茶を正しく淹れる道具ではなく、演出の一部として受け止められているからです。

そんなわけで残念ながら日本では、「オシャレ」で「フェイク」の紅茶文化が延々と続いていくわけです。

レモン＋色つき湯＝レモンティー？

際限なく繰り広げられる「オシャレ」な紅茶ブーム、雑貨屋風紅茶専門店、およそ消費者のライフスタイルとは無縁なイギリスコンプレックスによるアフタヌーンティーの世界、フランスコンプレックスによる「おフランス紅茶」へのあこがれ…。一方、街のごく当たり前の喫茶店では（私に言わせれば「色つき湯」の）レモンティーが、紅茶を正しく飲む習慣のない消費者（おそらく人口の九五％を占める紅茶無関心派およびペットボトル入りRTD-Teaの消費者）によって、これまた売れ続けています。日本が敗戦後アメリカに占領された結果、アメリカ的食生活習慣が広がり、その中でカリフォルニアレモン販売促進の一役を担ったのがレモンティーでした。この半世紀以上にわたる紅茶とレモンの関係は、現代の「オシャレ」な紅茶ブームの中にあってもいまだに根づいています。

なんとか紅茶の本当の魅力を理解していただく手段として、私が講習会で必ずデモンストレートする実験があります。使用する茶葉はBOPの日常紅茶。まず三〜三・五グラムの茶葉を茶こしに直接入れ、そのままカップの上に持っていき、いわゆる濾過法でケトルの湯を茶こしに目がけて注ぎます。そしてカップに注がれた湯がなんとなく「紅茶らしき水色《すいしょく》」になるまで、何回か上下に揺すってできあがり。この三〜三・五グラムの茶葉でなんとカップ三杯ほど、色だけはちゃんと紅茶らしく淹れることができます。ちなみに、この方法で提供している喫茶店では、注文がある度に茶葉を茶こしに少しずつ足していき、茶葉が山盛りになるまで茶殻をおいておくのです。

この方法で淹れられた紅茶を飲んでみますと、味も成分も香りもなくまさに「色つき湯」。これにひと切れのレモンを入れますと、成分が抽出されていないぶん薄く、それなりにさわやかなレモンティーに変身します。さらにウイスキーかブランデーの二～三滴でも入れようものなら、喫茶店では最高のサービスという次第です。

このようにして淹れたレモンティーの味は、前述の九五％の消費者がなんの疑問もなく飲んでいるペットボトルや缶入りのRTD-Teaと変わりありません。ついでにこの茶こしで抽出した「色つき湯」に牛乳を入れてみてください。単なる「薄められた牛乳」になってしまい、ほとんど紅茶の味はしません。

さて喫茶店でレモンティーを飲んでいる人を観察していますと、紅茶の中のひと切れのレモンのエキスをスプーンで搾り取ろうとしているのをよく見かけます。このレモンでビタミンCを摂取できるのではないかという考えもあるようです。つまりレモンは「色つき湯」の紅茶に商品としての付加価値をつける恰好の素材となるわけです。これに関して、雑誌の健康特集記事で「ビタミンCの多いレモン汁を入れたレモンティーを飲むことをお勧めします」とあり、苦笑してしまいました。ビタミンCを摂取する目的であれば、アメリカンブレックファストで生のオレンジやグレープフルーツを搾ってジュースを作るように、少なくともレモン一個をスクイーザーで搾らなければ無理だと思います。

紅茶に多量のレモン汁を入れた光景と、その味を想像するだけで、背筋がぞーっとします。これも「紅茶と言えばレモンティー」から派生した発想のような気がします。

ここでもうひとつの実験があります。上で使用した茶葉を九〜一〇グラム入れたポットに沸かしたてのお湯をカップ三杯分注ぎ入れ、しっかりと茶葉の成分が抽出されるまで置いたものを三つのカップに注ぎます。

（1）ひとつ目のカップにはなにも入れずにストレートで飲んでみてください。ワインの好きな方であれば特にあの舌の先の収斂性《しゅうれん》（アストリンジェンシー）のある渋味に爽快感を感じると思います。まさにタンニンから出る魅力のある渋味です。しかし同じ渋味でありながら最近では、紅茶の渋味は否定される傾向にあるようです。渋くないことがセールスポイントになった商品が出現したりするのは、レモンとの相性を考慮したものでしょうか。

（2）二つ目のカップにはレモンを入れて、ふつうの喫茶店でみなさんがやっているようにレモンをティースプーンで圧し、レモン汁を目いっぱい搾ってください。タンニンの渋味とレモンのクエン酸

上からペットボトル入りのRTD-Tea、茶殻こしで淹れた紅茶、ティーポットで抽出した紅茶。ポットでしっかり淹れたものはタンニンなどの成分がしっかり抽出されているので、茶葉の種類によっては時間が経つと濁りが出ることもある。右側はそれぞれに牛乳を入れたもの。

でエグみが増し、とても飲めたものではありません。レモンを入れるならば「色つき湯」のほうが飲みやすいでしょう。このあたりにも、利益重視の日本の喫茶店においてレモンティーが持てはやされる原因があるかもしれません。

（3）牛乳を入れてみてください。ストレートではちょっと渋いと感じた人には飲みやすくなったと思います。牛乳がタンニンの渋味を、味を損なわず和らげる働きをしてくれたわけです。

あえて「Milk Tea」と言わなくとも「Tea」と注文すれば、たっぷりの茶葉が入ったポットと牛乳が提供される紅茶消費国（イギリス、アイルランド、ニュージーランドなど）の人々は、しっかりと抽出された紅茶にはレモンを必要としないことを知っているようです。

追記：イギリスで販売されているアールグレイ、ラプサンスーチョンのキャディー缶の説明には、「お好みでレモンスライスを」と書かれたものがあります。これは私見ですが、これらの茶葉は比較的タンニンの成分が少なく、紅茶以外の強烈なフレーバーがあるので、レモンの香りや酸味をつけてもその紅茶のキャラクターを楽しめるということだと思います。機会があれば一度お試しを。いずれにせよ紅茶は嗜好品です。ご自由にお飲みください。

ティーバッグをもっと気軽に

もしあなたが紅茶のおいしい淹れ方を修得するために、高い受講料を払ってティーセミナーなどの講習を受けるとしたら、それは残念ながら無駄になると私は思います。なぜなら、ティーバッグを購入すれば必ずそのパッケージ裏側に「紅茶のおいしい淹れ方」が記載されているからです。それで十分。ティーバッグは誰にでも簡単においしく淹れることができる、簡便性を優先した商品です。しかもペットボトル入りのRTD-Teaでなく本物の紅茶なのです。

もちろん流行の紅茶教室やティーセミナーを受講すれば、それなりにティーバッグに関してうんちくのある説明が聞けるとは思います。以前見かけたテキストブックでは「ティーバッグの紐でギュッと搾ってみたり、スプーンの背中でギューギュー押したりする人がいますが、そんなことをしても渋味が強く出るだけです。砂時計で蒸らす時間を測った後、静かに引き上げてください。おいしい紅茶のできあがりです」などなど、ティーバッグで紅茶を淹れるための説明文がなんと横約四〇文字縦約四〇段もの長文で書かれていました。

ティーバッグの簡便性を愛しつつ同じくらい濃い紅茶も愛する私は、このマニュアルに反旗を翻し、濃くならない場合はティーバッグを浸しっぱなしにした上、さらにスプーンでギューギューと押して濃くします（日本で売られているティーバッグの容量は一・八グラム〜二・五グラムが多く、イギリス

ティーバッグの紅茶は蓋をして蒸らすとよりおいしく。

の平均三グラムと比べるとだいぶ少なく作られています）。出勤してすぐ飲むのは、「カップ・オブ・ティー」とグラス一杯の牛乳。手近にあるティーバッグ一袋とマグを調理場に待っていき熱湯を入れてもらい、お皿かなにかで蓋をしてしばらく放っておくと、どんどん濃くおいしくなります。ティーバッグのブレンド・原産国・製法（たとえばＣＴＣ）にもよりますが、濃くなりすぎた場合はグラスの牛乳を適当に加えます。

ところで先日、近所のコープのレジで行列をしている主婦の買い物かごに目が釘付けになりました。たくさんの商品の中にちらっと見える強烈な黄色と赤のパッケージ。ひょっとしたら「リプトン紅茶」かも…？　あらためてしっかりと中をのぞいてみると、確かにリプトンのピラミッドタイプのティーバッグです。計六〇袋の徳用タイプ、値段がしめて「三八八円」。一袋当たり約六・五円。一本一四〇円のペットボトル入り紅茶飲料に対し、本物の紅茶がこの値段で飲めるとは！　紅茶好きにとってなんとありがたいことでしょう。ちょっと湯を沸かして光熱費プラスお好みで砂糖や牛乳を加えるだけで「カップ・オブ・ティー」を六〇回も楽しむことができるのです。

ティーバッグも上手につきあってみると経済的でおいしく、楽しいものです。理屈は不要、肝要なのは毎日飲むこと。なんだかテレビショッピングの口上のようになってしまいましたが、これはまぎれもない事実です。

水道水で紅茶を

林俊郎著『水と健康』（日本評論社）によると、人体の六〇～八〇％を水分が占めているそうです。また、人間は水なしでは三～八日しか生きられないそうなのですが、このようなデータを私たちは日ごろあまり気にしません。なぜならば、インフラの整った環境のよい日本での生活は、水に関して、そのありがたみをつい忘れてしまうものだからです。

そんなわけで生活用水の不備な外国に仕事や旅行で行った際、ようやく私たちは日本における贅沢な飲料水の消費に反省の機会が与えられるわけです。日本にいれば水道の蛇口をひねって出た水を飲用に、またケトルに入れて沸かしたお湯をお茶やコーヒーに使用します。ありがたいことにこれですっかり用が足りるにもかかわらず、なぜか大量生産・大量消費・大量廃棄の経済優先社会になってしまった昨今は水道水からさらに「〇〇水」「△△水」を作り出すための浄水器などが多数販売され、次々と買い換えられ廃棄されてゆきます。高度浄水処理をされた水道水を非常に安価に飲めるにもかかわらず、です。

このようにエスカレートしていくのが人間の本能的な行動ですから、意識してこの行動に少しブレーキをかけなければ、地球規模で考えた場合大変なことになると思います。人間が生きていくための水が全人類に公平に分配されず、高価な水が商品化されたり、膨大なエネルギーを消費しながら地球の裏側から運ばれたりしている現実。最近提唱され出したフード・マイルズ運動（食糧の長距離運搬はCO_2の排出量を増大させることから、なるべく身近な食品を消費することで輸送に伴う環境負荷を低減させていこうという運動）の対極にあるように思われます。

茶葉にしても、生産地から茶商を通じて消費者に流通すれば、そのフード・マイレージは最短で済みます。RTD-Tea と呼ばれるペットボトルや缶入りの茶飲料になるまでのフード・マイレージやCO_2排出量とどれだけのギャップがあることでしょう。人間の欲望の赴くままの物質的経済的発展よりも、物事すべて「ほどほど」にしておけば、環境も持続できるし、健康を維持するための高価な器具も必要ないわけです。

あの忌まわしい阪神大震災で不安と恐怖の朝を迎えたときも、近所の地下水からチョロチョロ滴る、少し濁っていてなにか不純物の浮いている水を思いっきり沸騰させ、破損しなかった唯一の合金製ポットにいつもより多めに茶葉を入れ、思いっきり濃く抽出させて飲んだ紅茶は、たとえ最悪な条件の水であっても、明日への希望を感じさせる力強い味がしました。紅茶それ自身が持つ力は、このようにすばらしいものなのです。

おいしい日本の水

もうひとつ水についてのことを書きます。友人の茶商アマジットのお父さんが高齢に伴う病状悪化のため、商用と休暇を兼ねて急遽シンガポール経由でインドのコルカタ（カルカッタ）へお見舞いに行くことになりました。慌ただしい早朝の出発。しかし、これからのあのコルカタでの過酷な環境を考えると、朝食抜きにはできません。いつものように神戸市の水道水をケトルで沸騰させポットに入れ、カップ二杯の紅茶と朝食を自宅で済ませ、ストップオーバー先のシンガポールの友人マリーの家でも、朝食には（多分マレーシアから供給されている）シンガポールの水で淹れたティーポットたっぷりの紅茶をおいしく楽しみました。そして訪問先のアマジット宅でもまったく同じようにたっぷりと淹れたポット・オブ・ティーの朝食。このスタイルは世界共通の伝統的なポットによるオーソドックスな淹茶法であり、どこかの国のティーインストラクターが講習会で必ず使う砂時計などはいっさい不要です。

さて、タイトルの水に関してですが、ご存じの通りインドの水道水には衛生上問題があるので、通常家庭では浄水するためのなんらかの器具か、浄水されて売られているボトル入りの水が備えられています。日本の水は高度浄水処理されているので、安心して水道水を飲料および紅茶を淹れるために使うことができます。ペットボトルに詰められた水は日本では日常生活には必要ありませんが、今回の旅行先には飲料水の心配があったので、シンガポールのチャンギ国際空港のラウンジから、フランス製のミネラルウォーターを二本ばかり持ち出しました。

このような場合はペットボトルに詰められた飲料水は大助かりですが、世界的に水不足の現状で、水は自然と調和した方法で利用しなければならないと思います。たとえば紅茶を淹れるに際して、地元の水で十分であるのに、わざわざボトル入りの水を勧める記事やテレビ番組すらあります。

もちろん紅茶を淹れるのに水は絶対必要です。参考までに、水の分類には硬水と軟水があり、カルシウムやマグネシウムなどの金属イオンの含有量によって決まります。一リットルあたり一二〇ミリグラム以上を硬水、六〇ミリグラム以上を軟水、その中間を中水と呼ぶようです。しかし実際の消費に当たっては、硬度はあまり意識する必要がありません。なぜならば良心的な紅茶パッカーは、その消費地の水質に合った紅茶を生産国から輸入してブレンドしているはずだからです。だからイギリス（硬水）で飲んだらおいしかった紅茶が、日本に持ち帰って飲んでみたらあまりおいしくなかったということになります。また極端に言えば、衛生上少々問題のある水と安い茶葉とスパイスで淹れたインド・コルカタのチャイ、これも現地で飲めばしっかりと魅力的な紅茶になります。

いま流行の紅茶の本を購入してみると、水質に応じて茶葉の量云々と説明されており、まるで科学雑誌のような内容のものも。確かに完全性を望むのであれば重要かもしれませんが、あくまで紅茶は嗜好品です。日常的に紅茶を飲んでいれば、茶葉の量なんて自然に増減できるものですし、ティーインストラクターが教えるように砂時計で紅茶の抽出時間を計る必要はないわけです。日本の紅茶講習の現状を見ていると、あまりにもマニュアル化され、科学の実験のごとく抽出時間は何分何秒、茶葉は何グラム、水は硬水・軟水…。「紅茶淹れるのって本当に難しいのね」となるわけです。

参考までに、以下は堂島のTea House MUSICA時代からずっと当店で提唱している事柄です。

❖紅茶と安心してつきあうために

- 紅茶に使う水は普通の水道水で十分です。
- 紅茶に使う牛乳は通常の無調整牛乳で十分です。

たとえば缶やペットボトルに入った紅茶飲料は、製品になるまでから飲み終わってリサイクルをするまでに相当なエネルギーを消費します。できることなら地球温暖化を防ぐため、茶葉(ルースティーやティーバッグ)をお使いください。そして使用した茶殻は花壇の肥料にするなどして、土に還してください。これはわれわれ人類が昔からやってきたことです。テクノロジーの介入は紅茶を楽しむためにはあまり必要ありません。

当店の裏庭にはこのポスターが貼られています。

関西はチャイ発祥の地

東京に転勤した友人が言うには、関東で口にあわないもの――「うどん」「たこ焼き」「お好み焼き」「ちゃんこ鍋」、それに最近では「チャイ」が加わったそうです。

そこで今回はチャイの話。

日本におけるインド式チャイは一九五〇年代に関西で在住インド人の商人によって広まったという説が濃厚です。「ティー（英語）・オーレ（フランス語）」や「ロイヤルミルクティー」といった名称で呼ばれることもありますが、これらは和製外国語のため外国では通じないし、「チャイ」をも意味しません、念のため。

本来「チャイ」とは広東語で茶を意味するものですが、世界的にこの言葉は、インドの路上で供される牛乳（かなり水増しされている）と各種スパイスで煮出したインフォーマルな方法による紅茶と認識されています。シチュードティーと呼ばれることもあります。だから、同じ「チャイ」と呼ばれていても、トルコにおけるサモワール式のものとは少し意味が異なるのです。

また在日インド人の多い阪神間には数多くのインド料理店があり、そこには必ずチャイがあります。わざわざ料理を注文しなくとも、チャイとサモサ（インドの揚げスナック菓子）を注文すれば、いま流行の紅茶専門店よりもずっとリーズナブルな価格で本格的なチャイを楽しむことができるのです。

ある英国風紅茶専門店の一杯の「ロイヤルミルクティー」の値段が七〇〇円であるのに対して、神戸のカリーとチャイ屋さんでは、インド国内で使用されているステンレス製のお皿に盛られたターメリッククライス、野菜、チキンまたはマトンカリー、ピクルス、そして食後にチャイ。しめて七〇〇円なり。まさにこれこそ関西風の少し頑固な息の長い商いです。

阪神間、特に神戸と大阪にはずいぶんたくさんのチャイ屋さんがあり、それぞれ個性的で、けっしてフランチャイズ化されない営業形態で運営されています。阪神間で大切に保存したい商いのひとつだと悪います。

一番コンパクトな形態のインドのチャイ屋さん。

喫茶店？　カフェ？

三〇年来、ある調理師学校のカリキュラムの一環として、喫茶サービスの授業で「紅茶」の時間を受け待っています。学科としての紅茶は、世界三大アルカロイド飲料のコーヒー、ココアと同じく、不変の商品ですが、受講する側の生活環境・生活スタイルはずいぶん変わりました。

実は本来このクラスは「喫茶サービス科」と呼ばれておりました。「喫茶」とは飲食店において紅茶を中心にコーヒー、ココア、その他の飲料の商品知識を学んだ上で、顧客に正しくサービス（提供）する教科でありました。

しかし昨今「喫茶」という言葉の意味が急に薄れて、通用しなくなってきました。喫茶という言葉は時代遅れになり、学生たちにとってなんの魅力・説得力もなくなったようです。そこで教育の立場にある側は、巷で氾濫している「カフェ」を「喫茶」の現代風代替語として使うことを決定しました。「カフェ・サービス専攻科」、これで今の学生は「オシャレ」な雰囲気で納得、というわけです。確かに街に出て飲食業の看板を見渡せば、「カフェ」の大氾濫…。カフェレストラン、野菜ジュースカフェ、挙句の果てには「紅茶カフェ」まで。それに対して「喫茶店」という言葉は「純喫茶」以外では「マンガ喫茶」「インターネット喫茶」のように、違う目的を主とする場所でしか使われなくなってきました。たいていはスターバックスやらブルーボトルやらの固有名詞で呼ばれるか、「カフェ」でひとくくりです。

この現象、パンの世界でも同じことが言えるようです。「パン屋」という言葉には若い人びとを呼ぶ力があまりないようで、まずは「ベーカリー」になりました。しかしこれもいまひとつ。最近では「ブランジェリー」と表現するのが最もオシャレでおいしそうに思われるのだそうです。どう表現するのも自由ですが、本来の言葉が貶められるようでは困ります。「私は喫茶店に行って紅茶を飲みます」とふつうに言えるままであってほしいものです。

さて紅茶教室での話に戻しましょう。とっかかりとしてまず私は「今日は紅茶を〝どれぐらい〟飲んできましたか」と尋ねます。その答え方として、もちろん何人かの方が「一杯」「二杯」と答えられます。当然のことなのですが、紅茶はカップで一杯、二杯と数えるものです。ところが、最近は「一本」「三本」と答えるひとが出てきました。思わず苦笑してしまいますが、彼らにとって紅茶といえば缶やペットボトルで売られているRTD-Teaのことなので、なるほど「二本」「三本」と数えるのが正しいわけです。現代の家庭では、親がスーパー、コンビニエンスストア等でペットボトル飲料を購入して飲む習慣を子どもに教え、親自身の消費形態が既に正しい紅茶の消費形態とかけ離れてしまっているので、しかたのないことではありますが…。

その後、製造される茶が、製造工程の違いによって発酵茶の「紅茶」になったり、半発酵茶の「ウーロン茶」になったり、不発酵茶の「緑茶」になったりするという説明をした後、「日本人はこの三つの分類の中で、どんな茶を一番よく飲むと思いますか?」と質問したところ、返ってきた答えがなんとペットボトルの「お〜いお茶」、「午後ティー(キリン「午後の紅茶」の通称)」。なるほど、茶の世界はもうここまで来てしまったのか、と一瞬がっくりしました。しかし気を取り直し、茶葉で飲む本来の茶と、RTD-Teaと呼ばれているペットボトル入り商品の分類を明確に教えるところから始めることに。ペットボトルの茶は「茶」ではなく「茶飲料」であると。

茶は日本の歴史の経過を通じて、日常では急須やティーポットによる淹茶《えんちゃ》法で、特別なときや精神的修養といった側面では千利休により極められた茶道で、個人個人それぞれに最上の心の楽しみを与えてくれました。しかし今や茶はマスメディアと多少政治がらみの一部のものしか取得できない、特別な健康によい「飲料」として、健康不安に悩んでいる国民の前に出現しはじめました。それらの中には「トクホ」（特定保健用食品。一定の臨床試験結果を元に厚生労働省が、健康への効果を表示することを許可した商品）を取得したものもあるそうです。

さて冒頭の名前を変えた「カフェ・サービス専攻科」の授業で、始まった途端に化粧を始める生徒を発見。すぐ化粧室に行くよう注意したところ、教室を去る彼女の手には化粧ポーチと紅茶飲料のペットボトルがしっかりと握られていたのでした。

空港の一角で紅茶を無料提供するニュージーランド。

カフェに見る紅茶の提供法の変化

「町の〝香り〟満喫　『オープンカフェ』に安らぐ」

これは以前見かけた新聞の見出しです。最近あまりセンスのよくない従来の喫茶店が淘汰され、センスのよい瀟洒な国際スタンダードのカフェが次々と誕生しています。ドトールコーヒーやスターバックスコーヒーで代表される、清潔な雰囲気の中リーズナブルな値段で飲める店や、国際的なインテリア・エクステリアで魅力的な海外ブランド店の積極的な進出で、コーヒー党にとっては満足できる市場が形成されました。そこで、コーヒーを飲むのは従来の日本的喫茶店からしゃれたカフェへと場所を変えつつあります。コーヒーはもちろん、世界の三大アルカロイド飲料である紅茶・ココアにおいても、既成の日本的喫茶店の提供法ではセンスがないということで、そのスタイルにおいて変化が見えてきました。

「紅茶」を例にとって最近の体験を書いておきましょう。近所にあるこぎれいなチェーン系コーヒーショップで単一茶園の茶葉による「本格的な」紅茶の提供が始まりました。うれしいことにポット・オブ・ティーが三三〇円というリーズナブルな価格。とりあえず入って、ほのかな期待を込めて注文してみました。

カフェとしての効率的なシステムのためカウンターでの受け渡しシステムで渡されたのは、センスのよい二杯分用の白磁器のティーポット、水色をしっかりと確認できる白のマグカップ。期待に胸を躍らせてポットの蓋を開けてみました。そこにはティーバッグがひとつ。砂時計がついてきたのですが、それは無視してしばらく置いてはみたものの、少しも濃くなりません。もちろん、この量ではいくら長く抽出しても満足のいく濃さにならないはず。期待していただけに残念です。せっかく「良質の」「単一茶園の」茶葉使用を売りにしているのに…。

もちろん優良企業のしっかりとした原価計算を元に算出された価格には違いないと思いますが、もう一袋ティーバッグを追加するか、あるいはティーバッグではなくポットの大きさに合わせた適量のルースティー（茶葉）を使うかすれば、紅茶愛飲家にとって納得のできる濃さになるはずです。上品質の茶葉を追加使用しても五〇円前後（市販の包装パッケージから試算。業務用のものを使用すれば、さらに安価で仕入れ可能）。この五〇円を価格に上乗せしても十分納得できるものと思います。

もうひとつ考えられることは、茶葉の原価計算よりも、日本の消費者のまだ完成されていない紅茶の「渋味」に対する許容度の問題です。このことを考えるたび、私はある大衆的な紅茶の本の一節を思い出します。

「紅茶を渋くなく、おいしく淹れるポイントは、葉は少なめに、お湯は多めに、そして薄いかなと思ったら、蒸らす時間を長めに。これが〝渋くなっちゃわない〟秘訣」（傍点筆者）

もしかすると、この店はこの俗説に従って日本人の「渋味」に慣れていない味覚に焦点を合わせたのではないかと邪推すらしてしまいます。いつまでたっても表面上の演出だけで、本物の提供法が定着しない一因がこのあたりにあるような気もします。

値段はリーズナブルになり、ティーポット、カップ、良質な茶葉と道具立てはパーフェクト。ただ基本的なことがないがしろにされているのでそれが生かされておらず、紅茶愛飲家にとっては不満が残ります。

カルカッタのチャイ屋さん。

40年間ずっと正しい方法で紅茶を提供している神保町のティーハウスタカノの紅茶とケーキ。

伝統的な緑茶の形式を踏襲して提供される京都・一保堂の茶店。

喫茶は自宅で

紅茶好きで、まわりの人びとにも紅茶の楽しみ方を広めている友人の一人から「紅茶を伝え、生活の中に取り入れ、楽しめるようになれば、それで十分なのでは」と言われ、なるほどと思いました。私自身も目的を同じくしながら、けっこうあでもないこうでもないと嫌味たらしく書いているのが少し恥ずかしくなりました。

折しも経済的な諸問題が、現実面でも間接的にも、個人や家族にプレッシャーを与え、紅茶の世界の消費形態にも微妙な変化を与えてきました。その顕著な例が、「飲食は家庭で、自分で作る」という現象です。紅茶を商いとして、私がつくづくと実感したことを少し書いていてみましょう。

二〇一三年まで大阪のオフィス街で営業していた私の店は、喫茶部門と販売部門とに分かれていましたが、一二時前から一三時三〇分頃までのランチタイムは近隣の会社勤めの人たちで満席になっていたのが、だんだんと紅茶を必要とする人たちや仕事を離れて紅茶を飲む人たちのための場所へと変化してゆきました。なんとなれば、毎日食事をする場所としては価格設定が少し高めであるからです。

持ち帰り弁当を含む一般的な食堂では、和・洋・中を問わず五〇〇円前後でなんとか昼食らしいものが可能です。一〇〇〇円出せばバランスのとれた昼食（コーヒーまたは紅茶つき）にありつけます。あるいは、一〇〇円前後のおにぎり数個か三〇〇円くらいのコンビニ弁当に一四〇円のペットボトル入り緑茶で、とりあえず昼食としての腹ごしらえはできます。

さて紅茶は、となりますと、ポット・サービスで紅茶を提供しているお店では、やはり五〇〇円〜一二〇〇円ぐらいはかかります。これにサンドイッチなどを注文すれば、さらに五〇〇円以上かかってしまいます。このような現実から、まず思いつくのが紅茶消費におけるライフスタンスの転換です（こんなことを書いてしまうと、外食産業の営業妨害になりそうですが）。ティーバッグやルースティー（茶葉）をティーポットで上手に淹れる方法を自分なりに習得してしまえば、紅茶屋さんでワンポット五〇〇円以上する紅茶と同じものを家庭でいとも簡単に淹れることができます。

そこで賢い消費者は喫茶部門で紅茶を飲むのではなく、販売部門で紅茶の大量パケット（二五〇〜四五〇グラム。補充用）を購入します。この場合、買われていくのは日常的に飲まれる細かい茶葉の紅茶です。喫茶部門の店内ではこの種の日常紅茶の注文はまれで、逆に販売商品としては単価の高いシーズナルティー等の特別な紅茶に注文が集中します。帰りにお店で飲んだものと同じ茶葉を買っていくお客さんもいるのを見ると、ティールームは有料の試飲場的な役割を果たしてもいるのです。

いくら経済が発展しても、日本人はまだ幻想的な豊かさを求め続けています。このような機会は紅茶の消費の軌道修正できるチャンスではないでしょうか。家族団らんでポットに茶葉を入れて飲む紅茶に興味を持ち始めたら、あなたの家庭に、本物の紅茶文化が始まることでしょう。

自宅で気軽に紅茶を楽しむのが紅茶人間への第一歩。

茶葉を探して三千里

ある紅茶の講習会でティーバッグがどうしても必要になり、会場の近くのコンビニエンスストアに飛びこんで「紅茶はどこですか」と従業員に尋ねたところ、案内されたのがペットボトルの冷蔵棚。ティーバッグは扱っておらず、購入できなかった経験があります。

もちろんルースティーと呼ばれる茶葉は、コンビニエンスストアの商品構成からは完全に外されています。たとえリプトン青缶の最小容量一一〇グラム（1/4ポンド）が紅茶愛飲家の必需品であっても、コンビニエンスストアの商品構成としては論外なのです。ペットボトルなどRTD-Teaの消費者にとっては便利な店であっても、正統派の紅茶消費者にはまさに「インコンビニエンスストア」でしかないわけです。

コンビニエンスストア以外の商品構成も気になった私は、近所のスーパーマーケットやコープ（生協）を調べることにしました。スーパーマーケットにはかろうじて日東紅茶の一五〇グラム入り茶葉一種類がありました。以前は目玉商品としてリプトンの一ポンド缶が山積みされていたコープでは、同じく日東紅茶の一五〇グラムが二種類とトワイニングの小パケット茶葉が一種類。一九八〇〜九〇年代には、どのスーパーマーケットにも必ずリプトンの青缶の1/4ポンド缶や1/2ポンド缶が商品構成として常備されていたものですが…。

ちなみに、青缶を置いていないスーパーマーケットの入っていた巨大なショッピングモールには、フレーバーティーをメイン商品とした何百種類もの紅茶を扱う雑貨屋風の店舗がしっかりとテナントとして入っておりました。一過性の紅茶愛飲家の需要はそこが満たしているようです。最後に百貨店。三軒を回りましたが、二軒は発見不可能。三軒目の紅茶売り場でやっと1/4ポンドと1ポンド缶が行儀よく並べてあるのを発見し、旧知の友に出会ったような気持ちになりました。

さて、この三つの形態の売り場で気づいたことは、コンビニエンスストアでは紅茶と言えばペットボトル入りRTD-Teaがしっかりと「本物の紅茶」として扱われているということと、スーパーマーケットやコープ、百貨店になると売り場のコンセプトが異なり、RTD-Teaは緑茶・ウーロン茶と一緒に「飲料」として分類され、ティーバッグや茶葉は世界の三大アルカロイド飲料であるコーヒー・ココア・茶の「嗜好品」コーナーに置かれていたということです。

紅茶ブームがメディアを通じて騒がれなかった時代には、日本国中どんなところに行っても、市場の食料品店、町のお茶屋さんにはリプトンの青缶が紅茶愛飲家たちのために嗜好品としてあたりまえのように置いてあったものですが、今はほとんど見かけることはなくなりました。嗜好の変化かもしれませんが、非常に残念です。

あたりまえのように紅茶が売られているインドの雑貨屋さん。

ディスカバー・Bancha

現代の日本では、江戸時代の人が見たら夢のような鋼鉄の箱（自動販売機）が全国にくまなく設置されています。消費者はその便利さゆえに、大量にマスメディアを通して発信される「オシャレ」なイメージ広告どおりに必要以上に消費することになります。その結果が、あの山のような空ペットボトルです。その上、空ペットボトルをリサイクル・有効利用するという論理で、無駄なエネルギーがさらに使用されています。

一方、本当に賢い消費者は、その仕組まれた無駄な仕掛けに気づきはじめました。私のまわりでも、魔法瓶に、また一回使った空ペットボトルに、自宅で淹れた茶（紅茶）を詰めて持ち運ぶ人が増えてきたのは喜ばしいことです。

もうひとつ嬉しいニュースは、魔法瓶メーカーがサポーターになって、「給茶スポット」という名称で魔法瓶（容器）を持参すれば「本物の」お茶を安価で補給してもらえる、町のお茶屋さんが全国的に展開されたことです。これにはもうひとつの興味深いストーリーがあります。

緑茶がペットボトルで飲まれるようになり、お茶屋で茶葉が売れなくなりました。その流れで売上が減少した茶葉の梱包資材会社の社長さんが、ペットボトルの緑茶よりも本物の茶を消費者がお茶屋さんから購入するという日本の伝統的な消費形態を促進させたいポリシーで、この「給茶スポット」を積極的にサポートされているのだそうです。宣伝に頼らず、実際に飲んでもらって茶を広める――すばらしいアイデアです。

知的であるはずの人間が、短期間に地球環境を変えてしまいました。同様に茶の世界もペットボトルが短期間で変えてしまいました。その要因は、茶を流通させるためには本来必要でないエネルギーを使用することに尽きると思います。茶を液体にして流通させるためのエネルギーは、地球温暖化に拍車をかけるファクターの一環になっていると思います。地球規模による気候の変動は二一世紀中に人類にとって壊滅的事象が起こる確率を高める、ということが識者によって指摘されはじめています。

茶を商い、消費する者にとって、今大切なのは原点に立って、茶を「淹れて」消費することに尽きると思います。私の場合、夏場は猛暑を切り抜けるため、朝食時にケトルたっぷりの湯を沸かし、一部は朝食のための紅茶を、そして残りは少し大きめのステンレスのポットに番茶を淹れ、空ペットボトルに充填して通勤途中で水分を補給しております。

この前は「京いり番茶」を楽しみましたが、今回は静岡・菊川産の「秋番茶」を飲み、番茶にもずいぶん地方色があり、日常茶としてすべての点でペットボトルの茶飲料よりも優れていることを改めて確認しました。

ちなみに空ペットボトルは、東京から帰阪の際、やむを得ず購入した三三〇ミリリットルのミネラルウォーターの空ペットボトルです。この空ペットボトルの夏期利用回数約一八〇回。なんらかの理由で破損しない限り、永久に利用できるわけです。仮に、その都度自動販売機やコンビニエンスストアで購入していたら、中身の費用がかかるのはもちろんですが、無駄なエネルギーを使ってリサイクルされるか、どこかで土に戻れない散らかったゴミとなってしまうわけです。もしペットボトル愛飲者が一度、自分自身が購入した空ペットボトルを一年分自分自身のまわりに保存してみたら、その膨大な物量から、環境に良くない不自然な消費形態にいやでも気付くと思います。その事情を理解した賢い消費者からどんどん魔法瓶やマイボトルのユーザーになっているというわけです。

ところで、長年紅茶屋を営んでいる私ですが、昨今は番茶の魅力に取りつかれています。これほど魅力のある茶であれば、もう少し早くから自分の日常生活に取り入れるべきであったと深く反省しております。番茶は日本人の嗜好と日常的な生活習慣に根差して消費され続けてきたのだということを実感しています。次に書く商品説明文は、著名な京都の老舗、一保堂茶舗のものです。

「いり番茶は、昔から京都に伝わる独特のお茶で、京番茶とも呼ばれています。葉を摘んですぐに蒸し、揉まずに開いたままの葉、茎や枝を乾燥させたあと、短時間に強火で炒りあげました。独特の香ばしい香りと風味が特徴で、とくに赤ちゃんや病気の方に良いと伝えられています」

これはずいぶん優れたコピーだと思います。いま流行の「◯◯を予防する」とか、「△△によい」とか、健康に関して危機を感じている消費者に誇大広告すれすれの体で訴求するのではなく、伝統的に茶葉を使って湯で淹れた茶は安心だということを伝えているのです。この観点が缶やペットボトル入りの

RTD-Tea と根本的に異なるところです。

さらなる発見は、日本における気候と茶の密接な関係です。アミノ酸による旨味のつよい「新茶」は古来より高値で流通しますが、その短い季節が過ぎると気温がどんどん上昇し、続いての二番茶・三番茶・四番茶は日常茶となります。また気温が上がると茶葉の成分の主要素であるカテキン（タンニン）の含有量が増え、最近では大部分の日本人に否定的に受け取られる「渋味」が目立ってきます。市場で「ほうじ番茶」が多いのは、茶を「焙じる」ことによって「渋味」を隠すことと、日本人の食欲を掻き立てるほんのり焦げた「蒲焼き」の匂いとの接点があるように思われます。

さて、「京いり番茶」に続いて楽しんだのが、静岡は菊川産の「焙じていない」四番茶です。高いとは言えない価格ながら驚嘆したのは、紅茶感覚でたっぷりと茶葉を使い、かなり長い時間をかけて蒸らすと、下手な紅茶よりもしっかりとした爽快な「渋味」を抽出することができた点です。もちろんこれは素人である私の緑茶に対する独断と偏見だと思いますが。

いずれにせよ、発酵茶（紅茶）であろうが、半発酵茶（ウーロン茶）であろうが、不発酵茶（緑茶）であろうが「茶は茶」。うんちく・マニュアルに左右されずに楽しみたいものです。画一的なペットボトル入りRTD緑茶よりも、茶葉を使って茶を淹れることによって、環境を破壊することなく、日本の伝統的な地方色のある緑茶を賞味できると思います。最近、私のまわりでは番茶「Bancha」は、マスメディアに取り上げられることもなく、しっかりと、健全で賢い祖父母から子や孫に自然に伝承されていることが確認できました。緑茶までが着香（フレーバード）されており、健康信仰という名のもとでやたらハーブ（薬草）をブレンドし、まじめなお茶屋が憤慨するようなファッション緑茶や抹茶がマスメディアに取り上げられ流通するような軽薄な世界の中で、番茶「Bancha」は奮闘していたのです。ちょっと安心しました。

ここで番茶をあえて「Bancha」と表記しているのは、抹茶が「Maccha」として多目的使用（たとえば抹茶ソフトクリーム・抹茶ラテ等）されているのもあわせて、日本茶が国際商品化しているからです。国際化の著明な例では、交番の「Koban」やうどんの「Udon」などがあります。

ところで、最近、ペットボトル入り日本茶飲料がアメリカに上陸しました。これはあくまでも私見ですが、経済格差社会大国アメリカにおいて茶は、健康によいというカモフラージュのもとで、環境のことを無視した利益追求の手段として使われているのではないでしょうか。かつて紅茶がイギリスの資本主義・植民地主義のもとでプランテーション産業の商品として、世界中に文化や物質面だけでなく精神面でも影響を与えたように。

これと同じコンセプトで、仮に番茶「Bancha」がペットボトルではなく茶葉で海外に流通することになれば、茶の湯における日常生活からかけ離れた茶文化でなく、大衆的生活に密着した日本の伝統的な商品として育てることができると思います。また、ペットボトルに詰められた空虚な消費ではなく、紅茶と同じように沸騰した湯を使用して、急須・陶器の世界と融合しながら、テクノロジーに侵されない経済的な番茶「Bancha」を淹れる行為は、「茶の湯」と比べてもけっして劣ることなく、工業化で人間性を喪失した人びとに精神的な潤いを与えることにもなります。

これからの日本のお茶屋さんに念願するのは、けっしてさらなる高級志向に走らず、番茶「Bancha」を原点として日常用のお茶消費を確立し、ペットボトルの液体茶飲料を否定しながら煎茶、玉露と、無理のない消費啓蒙と拡大をしてほしいということです。イギリス紅茶における「イングリッシュ・ブレックファスト」のように。

京都・一保堂の「いり番茶」とほうじ茶。

紅茶をふつうに楽しむ、とは

前項は番茶「Bancha」を原点とした日常用のお茶の話を書きましたが、今回から再び紅茶の話に軌道修正をしたいと思います。

私が「イングリッシュ・ブレックファスト」を最初に認知したのは、確か一九七一年の紅茶自由化の頃のトワイニング社の、あの著名なスペシャルティーシリーズ（アールグレイ、クイーン・マリー、プリンス・オブ・ウェールズ）の構成群の中です。

その後、トワイニング社の日本における紅茶市場の成功により、イギリス紅茶の著名ブランド「ジャクソン」「リッジウェイ」「メルローズ」「ホルニマンズ」などが次から次へと日本の紅茶贈答市場に参入してきました。今となれば、当時の日本における健全な消費の目覚めを懐かしくさえ思えます。それほど現在の紅茶消費事情は、本来紅茶があるべき姿からいびつになってしまったのです。残念でなりません。

さて、この伝統的なイギリス紅茶の商品構成群には必ず「イングリッシュ・ブレックファスト」がありました。名称としては「セイロン・ブレックファスト」であったり「アイリッシュ・ブレックファスト」であったりもします。以前ちょっとした好奇心から各社のブレンディング内容を調べてみたのですが、結論としては、高級茶の使用を目的とせず、各社のティーテイスターが経済性を最優先しながら、朝食にミルクを使う前提で紅茶を必要とする消費者のためにブレンドしたレシピによるものであるということが理解できました。

茶葉の形状は各社ともほぼ共通のＢＯＰと呼ばれる小さいサイズのもので、ブレンドのボディは北インドのアッサムが中心。香味はセイロン高地産や南インドのニルギリ、そして、増量・値段調整用のフィラーとして、ケニヤその他の原産地のものが使用されているケースがほとんどです。水色は、ミルクを使用しても負けない濃い色に仕上がっています。

この「イングリッシュ・ブレックファスト」も、歴史的に見れば、もとは中国の安徽省祁門で生産されるキーマン紅茶であったそうです。ちなみに、アメリカで販売されている「HARNEY & SONS」のイングリッシュ・ブレックファストには、今でもキーマン紅茶が使用されています。

いろんなメーカーの「ブレックファストティー」。

紅茶を商品として製造販売していくには、ひととおりの経験と知識が当然要求されます。しかし、最近の紅茶の世界を見る限り、販売する側と消費する側の立ち位置が逆転しているような気がしてなりません。販売する側の一過性の「オシャレ」紅茶と奇をてらったようなレシピ、そして消費する側のマニアックなうんちく。病的な雰囲気を感じることすらあります。

番茶「Bancha」が健全に伝承されているように、紅茶の世界も健全でありたいものです。

ちょっとうれしい話――詰め替え用包袋

紅茶を飲むことが日常生活の習慣になりますと（少なくとも一日六～八杯）、茶葉の保存に関してはどうしても、一ポンド（約四五〇グラム）や1/2ポンド（約二二五グラム）容量の伝統的な密閉性のあるティーキャディー（キャディー缶、ティーコンテナ、ティーティンとも呼ばれます）が必要になります。

紅茶を大量に消費する国を観察しますと、台所には自分の好みの紅茶の入ったチャーミングなティーキャディーが置かれています。ちょうど日本の各家庭に、日本茶の入った茶筒が何本かあるのと同じです。今では茶筒ではなく、大きなペットボトルに詰められた緑茶飲料や紅茶飲料などが冷蔵庫に保存されている家庭もありますが。

最近では大きな容量のティーキャディーをほとんど見かけなくなりました。信じられないほど大量に出版されている紅茶図鑑や事典を見ますと、五〇～一〇〇グラムの可愛いサイズのティーキャディーが圧倒的です。中にはなんと三〇グラム、ティーカップに換算するとたった一〇杯分程度というおそろしく小さい容量のものもあります。これは茶葉の保存容器というよりも、単に飾りが目的のようです。世間では紅茶ブームと騒がれながら、この小さなティーキャディーから察するに、実際には紅茶はあまり消費されていないようです。

ずいぶん前置きが長くなりましたが、本項で私が述べたかったもっとも大切な点は、日常用の大きいティーキャディーの茶葉が消費された場合、同じティーキャディーをもう一度購入することは不経済であり、限りある資源の無駄遣いになるということです。ちょっと思い出してください。昔（あえてそう表現します）、日本では茶筒の茶葉を使いきってしまうと、必ず町のお茶屋さんで簡易包装のお茶を購入して、家にある茶筒に詰め替えたものです。日本茶の世界には、このような健全な習慣がありました。残念ながら、いまや緑茶などの日本茶も茶葉からペットボトル入り飲料へと、悲しい消費

キャディー缶と詰め替え用の茶葉。

傾向になりつつあります。

紅茶の世界でも、紅茶を大量に消費している国に行けば、空のティーキャディーに詰め替える補充用簡易包装の「キャディーリフィル」と呼ばれる商品が販売されており、経済的にも資源を無駄にすることもなく紅茶を楽しむことができます。空き缶やペットボトルをポイポイと捨てる日本の紅茶消費と比べるとうらやましい限りです。

そんな中、日本でも大量消費されるインスタントコーヒー業界の新聞広告で、とても明るいポリシーのものを見つけました。AGFの「ブレンディ」と「マキシム」というブランドの、最初に購入したビンに詰め替える簡易包装の商品広告でした。その広告コピーの一部をここに紹介しておきます。

「空きビンを捨てずに中身だけ補充できるAGFのインスタントコーヒー詰め替えタイプは、おかげさまで発売以来二五〇〇万袋の出荷を記録しました。これはつまり、二五〇〇万本のガラスビンをゴミにせずに済んだということ。これからは、おいしく飲んで、地球にやさしく」

ちょっとうれしいニュースですね。紅茶の消費の世界も早くこのようなポリシーが浸透してほしいものです。

ティーキャディーの魅力

私が紅茶の世界に首をつっこみはじめて間もない一九七一年に紅茶が輸入自由化となりました。あのトワイニングブランドの魅力的な六種類の紅茶　①オレンジペコ、②アールグレイ、③ダージリン、④クイーン・マリー、⑤ウーロン、⑥ジャスミンが高級進物市場に華々しく登場し、輸入紅茶はリプトンぐらいしか知らなかった紅茶ファンを魅了したものです。残念ながら、これだけ世間では紅茶ブームと騒がれていても、あれだけのロングセラーであったリプトンの青缶が姿を消し始めているのはリプトニアン（リプトン紅茶を愛する消費者）にとっては寂しい限りです。

さて当時、初心者の私は紅茶を飲むこと以外に、紅茶のパッケージ（ティーキャディー）に興味を持ちはじめました。たとえばウイスキーに興味を持てば、飲むだけではなく、その魅力的なボトルを集めるのと同じ心境です。それほど紅茶のパッケージ、特にティーキャディーは魅力的でありました。パッケージに記載されてある説明から紅茶の原産国名やブランド名、ブレンディングされた商品の「専売特許名」（たとえばトワイニングの「プリンス・オブ・ウェールズ」やリプトンの「リプトン・オブ・ロンドン」など）の知識を吸収したものです。今のように本屋の棚から溢れるほど紅茶に関する書籍がなかった時代です。

茶商となった今では、紅茶がブレンドされティーキャディーに商品化されて移し替えられる前のべニヤ板で作られた茶箱（最近では段ボール箱やジュート袋もあります）にも、こよなく魅力を感じるようになりました。その感情が嵩じると、紅茶パッカーのパッキング工場横に捨てられてある茶箱を一見しただけで、なにかむずむずしてくるようになります。茶箱を見るだけで、その原産国・茶園名・茶葉の形状などなどの出どころが確かめられるので、まるで旧知の友に出会った気待ちになるのです（少し感傷的かもしれませんが）。でも、原産国であるスリランカの高地ヌワラエリヤにあるペドロ茶園の製茶工場の茶箱が、紅茶消費国であるニュージーランドのオークランド市郊外にある瀟洒なパッカーの工場内のブレンディングドラム横に、インドやパプアニューギニアや中国の紅茶と一緒にあったりするのです。想像するだけでわくわくしてはきませんか？

ティーキャディーの話に戻しましょう。今ではとても考えられないことですが、全国津々浦々に流通していたリプトンの青缶は、都市の百貨店の高級嗜好品売り場はもちろんのこと、どんなに小さな地方都市の百貨店・市場・食料品店でも定番アイテムのひとつとしての体裁を保っていました。紅茶のパッケージに関心を持ちはじめてからというもの、どんな地方都市に出掛けても、まるで宝物を捜しまわる探検家のように町中の市場に足を踏み入れたものです。そこは私にとってまるで紅茶の宝庫でした。特に面白いのは、市場の中にあるありとあらゆる日常用の食料品を取り扱っている乾物屋で、リプトンの青缶に混じって売られている国産ブランドの紅茶「ヒノマル紅茶」「明治紅茶」「森永紅茶」などなど。華美でなくどちらかと言えば伝統的な紅茶のパッケージで、今の時代でも十分通用しそうなデザインです。

これ以外には、日本で最も紅茶消費の多い神戸市内で阪神・淡路大震災前まで存在した市場に、何種類かの七五〜一〇〇グラム詰めの紙製パケットティーがありました。これらはどれも同一の紅茶を小分けしたものであるとわかっていながら、そのデザインの面白さについ色々と集めてしまったものです。これらのパッケージは神戸近辺だけでしか購入できず、今となれば私にとってコレクターズアイテムになるほどの貴重な存在です。

紅茶飲みにとって、パッケージの魅力は、紅茶を飲むのと同じように汲めども尽きないものです。その証拠に、海外に旅行をしたときでも、中味がわかっていても魅力的なパッケージがあればつい買い求めてしまいます。

私の師匠である荒木安正氏は、「紅茶が好きである」のと「紅茶をよく飲む」のとでは全然意味が違う、とよく説明されます。すなわち、紅茶が本当に好きで、よく飲めば、言うことはないのですが、実際「紅茶が好き」と言う人に質問してみると、たいてい二〜三日に一杯や一週間に一杯、もっとひどい人になると一ヵ月に一杯だったりします。荒木氏曰く、少なくとも一日に三回(六杯)以上飲まなかったら、本当に紅茶が好きと認められない。

この視点に立って考えてみますと、最近どうも納得のできないことが私のまわりに起こりすぎているように思えてなりません。日本紅茶協会が苦労して育て上げたティーインストラクターの資格保有者の中でも、資格さえ取ってしまえば紅茶を日常的には飲まなくなり、紅茶のパッケージなどに関心を示さない人も少なくないように思えるのです。

紅茶のパッケージの話から、とんでもない方向に話が脱線してしまいました。ここで実際にあった、私にとっては非常にショッキングであった実例を老婆心から書いておきましょう。なにか身内の恥をさらすようなのですが。

以前私の店でティーインストラクター四名の打ち合わせ会があったときのことです。今までであればティーインストラクターの集まりでは全員が自分の好きな紅茶を注文されて懇談されていました。

世界のティーキャディー。

ところがこの四名の打ち合わせ会で注文されたメニューアイテムはと言えば、四名のうち紅茶は二名。他の二名はなんとアイスコーヒーでした。ひょっとしたら、私の店の紅茶はティーインストラクターの方の味覚を満足させることができないクオリティなのかと、ちょっと反省してしまいました。もちろん、なにを飲もうがまったくもって私が介入することのできない話です。しかし、あまりにも前例のないことであったので、大人気ないこととは知りながら、アイスコーヒーを注文された理由を尋ねました。その理由は簡単明瞭、喉が渇いていたとのこと。納得です。きっと喉の渇きを潤した後、紅茶を注文していただけることでしょう。そう私は信じていたのですが、三時間経過しても紅茶の注文はありません。この時点ではっきり言ってティーインストラクター（一部の方）なんてこんなものなのかと、単純な神経の持ち主である私の怒りが頂点に達してしまいました。

もう年寄りの愚痴っぽい話はやめておきましょう。「ホントの紅茶を楽しまなきゃ」というのがRTD-Tea販売戦略のキャッチコピーになった時代。しかし、テクノロジーによって紅茶がどのような商品形態に変容しようが、湯を沸かして、魅力あるティーキャディーから茶葉をティーポットに入れて茶を淹れたり、手鍋でチャイを淹れたりすることは、私にとっては魅力的な生活習慣のひとつなのです。

毎日が「紅茶の日」

商業活動や公的な活動において、今日は「○○の日」というコピーがあちらこちらで見られるようになってずいぶん経ちます。だいたい毎日がなにかしらの「○○の日」であり、ときにはその日が複数で「○○の日」になっていることもあります。おおまかに分けると、語呂合わせで「○○の日」になっている場合と、なにか行事をその日に始めたということで「○○の日」になっている場合の二種類があるようです。

「○○の日」ができた当初は消費者も大衆も少しは意識し、認知効果もあったものです。しかし、最近ではあまりにもマンネリ化して、消費者・大衆の心を摑みにくいようです。メディアの効果も時間切れといったところでしょうか。

ところで、紅茶の世界にもしっかりと「紅茶の日」が決められています。一一月一日がその日です。信ぴょう性のほどはわかりませんが、その出典の根拠は次のとおりです。

昭和五八（一九八三）年に日本紅茶協会が定めた記念の日。例年一一月一日に祝う。紀州藩の米などを積んだ伊勢の国の神昌丸の船主・大黒屋光太夫ら一行一六名は、天明二（一七八二）年一二月、江戸に向けて白子港を出帆。遠州灘で暴風雨に遭遇しロシア領のカムチトカに漂着。以後、九年の歳月をかけてペテルブルグに到着。ようやくにして女帝・エカテリーナⅡ世の帰国許可を得た。寛政四（一七九二）年一〇月に光太夫以下三名が根室港に帰着するまでの間に、ロシア皇太子、政府高官らの招待を受け、寛政三（一七九一）年一一月一日には女帝・エカテリーナⅡ世にも宮廷におけるお茶会に招待され、光太夫が日本人として初めて本格的な欧風紅茶（ティ・ウィズ・ミルク）を楽しんだと考えられ、この日が「紅茶の日」と定められた。（荒木安正・松田昌夫『紅茶の事典』柴田書店）

この「紅茶の日」が認定されたのは一九八三年です。スタートした当初は、百貨店の食料品売り場・スーパーの紅茶売り場には大きな販売促進のポスターが貼られ、消費者の目にとまったものです。もちろん、

その昔、紅茶メーカーが共同で作った紅茶の広告。

紅茶カウンターには「紅茶の淹れ方」等の小冊子が置かれていました。日本紅茶協会の「おいしい紅茶の店」認定店（二〇一五年現在二一八店）には、認定の証明である盾やステッカーなどが置いてあり、紅茶愛好家にとっては外出先でおいしい紅茶を飲む際の指標のひとつでもありました。

さて、この「おいしい紅茶の店」の制度が発足（一九八八年）して二五年以上が経ちました。しかしながら残念なことに、（不景気の影響で廃業も考えられますが）認定店の入れ替わりがあまりにも多いのです。また、日本紅茶協会が紅茶普及のために指導したインストラクター・アドバイザーが一〇〇〇名以上もいるにもかかわらず、リストの目的・内容が充実していません。日本紅茶協会のホームページから店名と住所を見るだけでは、認定理由や店のポリシーなどがまるでわからず、「どうしてこのお店を選んだのだろう」と疑問に思うこともしばしばです。厳しい言い方をすれば、いつまでたっても同じことの繰り返しになっているような気がします。有料でもよいので、もう少しあらゆる面に内容の充実したものを製作したほうが紅茶愛好家だけでなくすべての人にとって便利なのではないでしょうか。

本当のところ、「紅茶の日」は一一月一日だけではありません。私たち紅茶愛好家にとっては毎日が「紅茶の日」なのです。

手抜き紅茶を楽しむ

前にも少し書きましたが、わが家では毎朝早く起きた者が水道から仏壇に供える水を汲み、次に朝食のための紅茶用にケトル一杯の新鮮な神戸市の水道水を沸かします。茶葉を入れるのはけっして高級品でない、ごくふつうの六カップ用の、阪神・淡路大震災時に注ぎ口が少し欠け、その部分が茶渋で染まったティーポット。他にもたくさんありながら、なぜか不思議な愛着を感じ使い続けています。

平日は起床時間にそう開きがないのですが、日祭日になると湯を入れてから二時間後に飲むこともたまにあります。忘れず被せておいた「お茶帽子」と言われるティーコージーの効用もあり、もちろん少々冷めてはいますが、十分許容範囲の温度です。

紅茶というものは、インスタントラーメンやうどんと同じように、熱湯を注げば三～五分で飲むことができます。しかしラーメン・うどんは所定の時間以上放置すれば麺が伸びてしまい、おいしくなくなる商品ですが、紅茶は熱湯を注いで少々長時間放置してもある一定以上は濃くならず、その茶葉の持っている成分、特に品質のよい紅茶の場合は目いっぱいその成分が抽出されます。そのため、俗に言う最後にして最上の一滴「ゴールデンドロップ」を味わうことができるのです。

この味わいを知っている者にとっては、よくある紅茶の「お教室」や「紅茶専門店」での砂時計は、まったく意味のないものに感じられます。ただし茶商としてのティーテイスティングでは、所定の計量された茶葉と湯に対しタイマーまたは砂時計は必要です。誤解のないように。

さて、最近ちらっと気になる話を聞きました。ティーポットに茶葉を入れて提供するのは、丁寧でない手抜きの紅茶の提供法であると主張する自称紅茶マニアがいるとのこと。そういえば「フランス式」と称する店ではポットに茶葉が入っておらず、提供側のプロと称する人が一度刻みの温度と秒単位の抽出時間で丁寧にパーフェクトな状態で提供しているそうです。しかし、業務的に、何十人の顧客のオーダーに対し丁寧にパーフェクトに抽出した紅茶を、茶葉を抜いてティーポットに入れ替えるには、神業的ノウハウが要求されます。事実、私もどうしようもなく薄い紅茶を専門店において高級なティーポット（茶葉抜き）で提供された記憶があります。

ティーテイスティング風景。

先日、東京で著名な中国茶店を経営されている方とお会いする機会がありました。そのお店でも紅茶を提供することになったそうです。もちろん中国茶は伝統的な淹茶法（急須）により、二煎三煎と飲むことができる方法で提供されているお店です。そこで、さっそくそのお店での紅茶の提供法を尋ねてみたのですが、残念ながら調理場でティーサーバーを使って「プロ」と言われる人が納得して自信を持って淹れた濃さの紅茶をポットに移し替える提供法でした。今のところ、顧客からのクレームはないそうです。私の店であれば、たちまちクレームが殺到し、その処理に苦慮することになると思います。

同じ紅茶を提供しながら、東京（関東）と大阪（関西）における紅茶消費形態の相違、その最たる要因になっているのが、ちょっと意外と思われるかもしれませんが、紅茶の世界にもグローバル化による経済の社会システムが組みこまれだしたことです。

たとえば、ポットに直接茶葉を入れた淹茶法をとると、紅茶の飲み手自身に、飲み手のライフスタイル・経験・文化的な背景が要求されます。紅茶の味の判断は自分自身で決めなければなりません。その時に必ず問題になるのが、ポットに適正な量の茶葉を入れると「渋くなる」ということです。昨今の「渋味」に関するコンセプトは関東から長期にわたり発信されている「渋くなくておいしい」という表現。これが日本における紅茶消費の時代的潮流になりました。型にさえはまっていれば（たとえば茶葉の入っていないポットに茶こしや砂時計が添えられたりしていても）、渋味のない紅茶のほうが一般的に受け入れられるようになりました。そして徐々に提供する側にも、一般的消費者には茶葉を抜いて提供したほうがクレームのないことがわかってきました。

最近の消費者にとっては、ペットボトル紅茶飲料の味、すなわち渋くないものが紅茶の味として認知されています。日本中どこで飲んでも同じものが味わえるわけです。アメリカ文化のマクドナルドやコカコーラ、最近であればスターバックスコーヒーの世界です。けれど茶はもう少し、その地域の文化を大切にしながら伝承すべきだと思います。

「手抜き紅茶もまた楽しいもの」というテーマが意外な方向に展開してしまいましたが、農産物である茶はグローバル化（工業化・規格化）された消費ではなく、あくまでも地域に根ざしたローカリズムで消費されるべきだと思います。今、私は自分で淹れた「京いり番茶」を毎日空ペットボトルに充填して楽しんでおります。

日常茶の基本中の基本、リプトンの「青缶」。

リプトン紅茶年代譜。

1971年の紅茶輸入自由化後、トワイニングが展開した6種類の紅茶。

住宅スタイルと「茶縁」

神戸や大阪（あるいは東京もそうなのかもしれませんが、私が日ごろ観察できるのはこのエリアです）を電車で移動すると目につくのは、ここ一〇年ぐらいで雨後の筍のように出現しはじめた超高層住宅の建設現場です。まるでバブルの再来のように、思いがけない商用地に三〇～五〇階の住宅がどんどん建てられており、休日前の新聞を「読む」あるいは「見る」（このスタンスは受け取る側の目的によって違ってきます）と、必ず何軒か超高層住宅の全面広告が掲載されています。

さてその広告に共通しているキャッチコピーはと言うと「〇〇駅徒歩六分」「△△駅まで徒歩三分」、どうやら徒歩一〇分以内が売りのようです。今までの、郊外住宅地からバスや電車を乗り継いで一時間～一時間半かけて出勤することを考えたら、まさに夢の距離です。また日本で頻繁に起こる地震に対する「免震構造」や火災防止のための「オール電化」も強調されています。それらに加え、高層住宅ならではの眺望のよさ。建物が完成する前に、カタログ上で完売することもあると聞きました。それも最も高価格の最上階から売れるそうです。

ぜんぜん紅茶の話につながらないように見えるかもしれませんが、もう少しご辛抱を。

さて、私がこれらの超高層住宅を購入すると仮定します。まず最初に考えたことが、仮に五〇階の中間あたりの二五階に住むとして、果たして朝の通勤時間に何分でエントランスに辿り着くことができるかということです。なぜこのようなあまり意味のないことをくどくど言うのかというと、これら超高層住宅の広告を見ていてある発見をしたからです。

入居する場合、ふつうその建物の階数とエレベーターの有無、台数を確認するものです。三階建て以下であればあまり気にしなくてもすみますが、四階建て以上になりますと入居時に検討する人がほとんどです。さて、超高層住宅の場合エレベーターの設置は当然ですが、私が見た限りの広告には、エレベーターの基数が表示されていませんでした。三〇階以上の超高層になると、朝の出勤時には恐らく一〇基以上のエレベーターが必要だと思います。それでも、四〇〜五〇階になるとエレベーターを待つのは当然でしょう。これが週に五日繰り返されるとなると、出勤前のモーニングティーなどとても考えられないことです。

私にとって、モーニングティーが飲めないということは、生活習慣病の要因にもなる朝食抜きを意味します。一見最も進んだ免震・オール電化システム・二四時間セキュリティの、エントランスから駅まで一分から一〇分のライフスタイルが、私にとっては不健康を助長する結果となるのです。大げさかもしれませんが。

家族に子どもがいる場合は、もっと深刻です。子どもにもその生活習慣を必然的に強要することになるからです。最近の電車では通学時にペットボトル飲料とスナック食品を摂取している子どもの姿をよく見かけます。この由々しき習慣が大人にまでも広がり、やがて車内での化粧とエスカレートすることになるような気がしてなりません。

さて、本題の紅茶の話に戻しましょう。隣人（他人）を招いて紅茶（茶）を楽しむ行為は、住宅が高層になればなるほど不可能に近くなります。もちろん以前からの友人や親戚が同じ建物に住んでいる場合は別ですが、他人にはあまり詮索・接触・接近されたくない高層住宅の環境において、紅茶を通じて生まれる他人との交際は建物の構造上おのずと限定されます。

私の例で恐縮ですが、私は地上にある二階建て五棟から構成されたタウンハウスの一棟に住んでいます。ある日、隣に外国人のご夫婦が越してきました。住宅の鍵はもらえたものの生活必需品がまだ到着しておらず少し困った様子だったので、いつもの私流のおせっかいで、もしなにかとりあえず生活に必要なものがあれば遠慮なく言ってくださるようにと伝えました。その日はご主人が仕事のため、奥さまが生活必需品の到着を待って外に出ておられたのを見て、なんとなく茶縁がありそうで声をかけてみると、彼女はイギリス人であることがわかりました。そこで私はポットを含む紅茶道具一式と日常茶を貸しました。この、超高層でない地面から近いところでの出会いは、バーベキューやワインの縁となり、彼らが一年後にフランスのボルドーに引っ越すまで続きました。一年後に妻がボルドーで偶然彼らと再会したという不思議な縁もあり、今でもお付き合いが続いております。やはり私にとっては縦の関係よりも横の関係のほうが自然なのでした。

テクノロジー（特に建築術）が進むと、社会は猛烈なスピードで変化していきます。私は高所恐怖症ではありませんが、いくら眺望が素晴らしくとも、高所に終日我が身を置きたくないのです。もし高所から景色を眺めたくなれば山に登ります。

幸い、日本は都市化されたといえ、まだまだ自然に恵まれています。日本における超高層住宅は、過去になかった住居形態だけに、今後いろいろとリスクのある事柄が出てくることでしょう。たとえば超高層住宅内の人間関係の問題、容易に建て替えができないこと、またこれは禁句ではありますがテロリストの標的にもなり得ます。私は建築に関しては全くの素人ですが、木造家屋・石造家屋には物理的に高さの限界があることは推測できます。しかしその限界を破ることができたのが現代の建築術です。五〇〇メートル超の超高層建築が世界中で次から次へと計画されていますが、どうも人間が侵入してはならない領域を超えているような気がしてなりません。ただ、ひとつ間違いなく言えることは、どんな場所にも人は住みますが、どんな場所でも茶縁をつなげるかどうかはあなた次第だということです。

私が小学生の頃（第二次世界大戦終了前後）、風呂・離れ・小さな中庭のあるモルタル造りの、確か四～五軒単位から構成された文化住宅の前身のような長屋に住んでいました。学校から帰ってくると、宿題はそっちのけでランドセルを放り投げ、日が暮れて親が心配して呼びに来るまで近所の友だちとひたすら遊んだものです。そして両親や兄弟と一日の出来事を語りながら夕食を摂り、父が淹れてくれた紅茶を飲み、SPレコードを聴きながら、音楽評論家であった父から色々とクラシック音楽の話をしてもらう日々でした。

けっして裕福な生活ではなかったのですが、長屋に住みながらけっこう楽しかった記憶があります。

そして、当時の生活に溶け込んだ紅茶と音楽は、今の私の生活に大いに役立っています。

今でも、特に歴史的に保存すべき価値のある長屋は、私にとって羨望の的であります。先日、大阪でも上質の長屋が残っている福島区の知り合いに長屋情報を尋ねてみたのですが、どんどんマンションに建て替えられて品薄になっているそうです。その一方で最近、長屋を探している若者が増えているとのこと。また、いったんは寂れた大阪の空堀《からほり》商店街に若者たちが古い長屋を保存改築して、とても魅力ある商店街に変化させたという、長屋大好き人間にとってうれしいニュースも聞きました。

長屋の魅力は、けっして豪華ではないが、狭いがゆえに隣人との関係において非常によい住宅機能を作り出すことです。これらは合理性や経済効率を追求する超高層住宅に対するささやかな抵抗のように感じます。長屋の前には、道路に沿って住民たちが不用品を上手に再利用して作ったプランターが雑然と置かれ、四季を通じて植木・草花がまるで雑木林のように植えられています。常に緑があり、なんらかの花が咲いている、この長屋の雑然と植物が植えられる感性は日本人独自の美学です。寒くない季節になるとそのスペースに縁台や椅子が出現して、台所で淹れた茶を飲みながら近所の人どうしの世間話が始まります。

これとまったく対照的に、超高層住宅の樹木・花のスペースは法的に定められた画一的な、住人不参加のスペースになっていることが多いようです。このスペースは住民のものながら住民にはその意識が希薄で、歩きながら缶やペットボトルに入れられた飲料が飲まれ、そして捨てられています。

ここでシンガポールの建築事情へと話は飛びます。マンハッタンを彷彿とさせる金融街が広がる超高層オフィスビル、狭い国土を効率よく利用するための超高層住宅。あのままどんどん発展すれば国土全体が超高層住宅化されてしまうはずだったかの国ですが、観光立国として緑（Gardencity）と歴史的な建築を保存することを都市計画として実行しました。中でも感心したのは、日本であれば効率性からただちに解体されたであろう、シンガポールにおける初期の公団住宅ＨＤＢ（House Development Board）がリノベートされ、歴史的遺産としてビジネスホテルに再利用されていたことです。

超高層建築群は資金と建築術があればどこの国でも出現可能ですが、経済性追求だけのために過去の建築物を解体することは歴史の浅いシンガポールにとって、国としてのアイデンティティーを完全になくすことを意味します。観光国としての歴史的価値がなくなるわけです。これに気づいたシンガポール政府は、歴史の長いわれわれ日本人から見れば一見無価値に見えるような建築や史跡・ランドマークを保存していく政策に転換しました。

もしシンガポールに行かれる機会があれば、多少派手な塗装がされていますが、リノベーションされたシンガポールの長屋をちょっと意識して見てほしいのです。そしてもしあなたが紅茶好きであれば、その長屋（一階が店舗、二階が住宅という東南アジアにおける典型的なスタイル）で経営されているローカルなレストランで、シンガポール独特の濾過法で淹れられたテ・シー（Teh-C＝練乳入りミルクティー）、テ・オー（Teh-O＝砂糖入りストレートティー）を楽しむことができます。

忘れていませんか、おいしい紅茶を淹れるために

もしかしたら私は味覚音痴かもしれません。紅茶を商取引上でテイスティングする場合を除いて（これは値段に釣りあった品質の茶を真剣に選ばなければならないという茶商としては当然のことなのですが）、日常生活のシーンにおいてどんな茶（紅茶）でもおいしく飲むことができるからです。よく紅茶を淹れるのは非常に難しいと耳にしますが、けっしてそうではないと断言します。

オーソドックスな淹茶法の場合、ティーポットや急須は日本（茶）においても、中国（茶）においても、習慣的に茶を抽出する器具として長年にわたり当たり前に使用されてきました。ところが、ひとたび「オシャレ」な一過性の紅茶の流行が巷に氾濫すると、その波に乗り遅れては大変だということで、消費者も新規参入業者も血眼になって、（ティーポット〈急須〉さえあれば十分なのに）なんとなくそれっぽい斬新な器具を捜し出すようです。そこで登場してきたのが紅茶専門店と称される店で一時期よく使われていた、メリオール（フレンチプレス）というコーヒー用の抽出器具です。ピストンがついていて、なんとなく高級感とメカっぽさで紅茶がおいしくなるような錯覚をしてしまうようです。

私の味覚音痴の話に戻しましょう。私がどんな紅茶（ティーバッグを含む）であってもおいしく飲んでしまう秘訣は、おおまかに言って二つあります。ひとつ目は、なんのことはない、淹茶法においてのファイブ・ゴールデン・ルールのひとつである、茶葉を入れる前にティーポットを思い切り温め

ていることです。「なんだ、当たり前のことじゃないか」と一笑に付されそうですが、私の長年の観察によると、ティーポットを温めずに茶葉を入れる方は案外多いようです。

試しに同じ型の二つのティーポットを用意して、一方は温めず、他方はよく温めてから、それぞれ二杯分ずつ茶葉の形状に応じた抽出時間で淹れてみてください。温めなかった方の紅茶は、せっかくティーポットを使ったにもかかわらず、注入した熱湯が冷たいままのティーポットに温度を奪い取られてしまい、薄い出来上がりの紅茶になります。茶葉の成分を抽出するだけの温度の湯が茶葉に行き渡らないためです。これは気温や室温とも関係するので、冬場は特に薄くなります。一方、ティーポットを温めた方の紅茶はしっかりと成分が抽出されているので、ストレートか、飲み手にとって少し濃い目に出た場合は、差し湯で薄めるか、牛乳をたっぷりと入れるかして飲めばよいわけです。

このように、おいしい紅茶を淹れるコツは至って簡単なのです。ところが、この至って簡単な事柄を実行せず、「オシャレ」な流行の紅茶の世界においては、水がどうの、茶葉がどうの、ブランドがどうのという始末の悪い状態になってしまいます。

それからもうひとつ紅茶をおいしく淹れるためのポイントは、ルースティーで入れる場合、一人で飲む場合も必ず最低カップ二杯分の紅茶を一度に抽出することです。これは非常に大切なことです。これも試されればわかることですが、二つのティーポットを用意して、一方は茶葉一杯分（BOPで三〜三・五グラム）、他方は茶葉二杯分（BOP六〜七グラム）を同じ条件で淹れてみてください（ティーポットを温めるのをお忘れなく）。紅茶を一杯分だけ淹れますと、いくら温めたティーポットを使用してもあまりおいしい紅茶にならない上、用量が少ないので、すぐに冷めてしまいます。二杯淹れたほうは、同じ茶葉でありながらしっかりした滋味が出ているはずです。米を炊く場合を思い出してください。同じ米であっても、一合よりも二合、三合と多く炊くほうがおいしく炊けるものです。

この二つのしごく簡単なことが、私にとって、どんな茶（紅茶）であっても日常生活にあっておいしく淹れることができる秘訣です。茶（紅茶）はひとり寂しく飲むよりも、大きなティーポットでたっぷりと淹れて複数の人たちと楽しむのが本来のＣＨＡ（Communication, Hospitality & Association

「CHA」を解説する筆者。

茶を通して語り合うこと、茶で親切にもてなすこと、茶を通して人と人が交じりあうこと）の効用ではないでしょうか。

最後に、この紅茶をおいしく淹れるためにティーポットを思い切り温めたらよいという簡単な事柄を講習会などでもう少しわかりやすく説明できないものかと、紅茶好きの友人に話していたところ、その友人はとてもユニークな、かつ明快な回答をくれました。

「戸棚から出したばかりのティーポットは「冬のお布団」と考えてください。そのまま入ると冷たくて寒くて、身体も自然に縮みこみますよね。でも、あらかじめお布団を湯たんぽや電気毛布で温めておくと、手足をのびのびできるでしょう。ティーポットも同じで、あらかじめお湯を入れて温めておくと、堅く締まった茶葉がヨリを戻して、その中に閉じこめられた味や香りを熱湯の中にどんどん溶けこませていくことができるんですね。面倒なようですが、こうやっておいしい紅茶ができる環境を整えてあげるんです」

第2部
▼
茶葉についてのあれこれ

オレンジペコ

ちょっと恥ずかしい話ですが、秋になって車内吊り等の「紅葉の〜」という広告が目に入ると、何か紅茶に関わるイベントでもあるのかとつい興奮してしまうことがしばしばあります。先日も大阪のあるCDショップの前で巨大な広告に「ORANGE PEKOE」と大きくレイアウトされているのが目に留まりました。てっきり紅茶パッカーとCDショップのタイアップ広告かと思い、いつもなら激安のクラシック輸入CDばかりの私が一枚三〇〇〇円なにがしかするCDを奮発して購入しました。

あとでわかったのは、これが関西では人気のデュオであったということです。もしかするとメンバーが紅茶好きなのかもしれません。そういえば以前ウルフルズという関西出身のグループのボーカルがチャイの名店でアルバイトをしていたということで、「チャイ」を日本全国で有名にしてくれたことが関西の紅茶好きの間で語り草になったことがあります。紅茶と音楽のよい関係、紅茶のあるところ文化ありです。

さてこのオレンジペコという専門用語、昨今では紅茶のパッケージやペットボトルなどにも頻繁に使用されているようですが、紅茶の講習会等で受講者に尋ねてみても、本来の意味を知っている方はまれです。

そんなわけで現代におけるオレンジペコの意味を再確認しておきましょう。略して「OP」と表示されている場合もあります。これは紅茶の葉の一定のサイズ（七〜一二ミリ）と形状を表わす言葉で、紅茶の品質や香味とは何の関係もありません。「ペコ」は、白い産毛のいっぱいついた茶の芯芽を意味する中国語がヨーロッパに紹介された際に訛ったもので、「オレンジ」は単に茶葉の色であるオレンジ色（橙色）からの連想です。まあ、大きいサイズの茶葉と覚えておいてください。

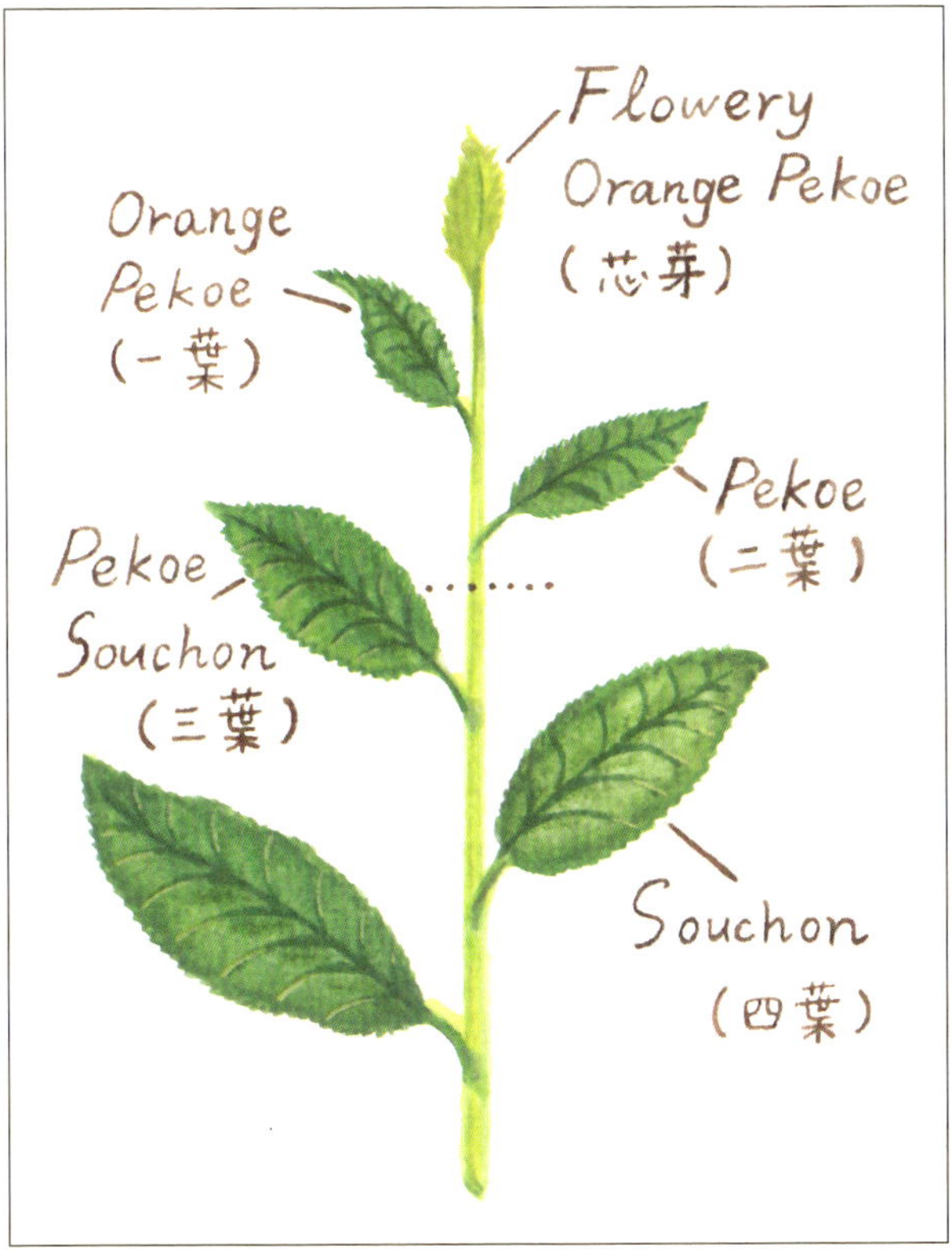

摘みとられる部位によって茶葉の名称が変わる。［イラスト・藤田美菜子］

そういえば一五年以上前に自動販売機で販売されていたペットボトル入り紅茶飲料の「ピコー（PEKOE）」は、いつのまにかすっかり姿を消してしまったようです。液体紅茶飲料のイメージを上げるために専門用語まで商品名に使った商品でしたが、今ごろは草葉ならぬ茶葉の陰で泣いているかもしれません。

ティー・ブレンディング

ウィスキーやコーヒーといった嗜好品にしばしば使用される「ブレンド」というキーワードは、紅茶の世界でも頻繁に見聞きします。時には「ミックス」と同義語のように誤解されることすらあります。そこで今回は、紅茶のブレンドに関しての私の見解を書いておくことにしましょう。

「オリジナルブレンド」「…のために特別にブレンドされた」などなど、紅茶販売上のキャッチフレーズはさまざまです。そもそも農産物である紅茶を、年間を通じて消費者にリーズナブルな値段で恒久的に販売を続けていくためには、専門的な知識を持ったティーテイスターやブレンダーによるブレンド、良心的なパッカーによるオリジナルブレンドが必要になります。そうすることで消費者が購入後、一切手をつけなくとも（つまり他の紅茶を自分で混ぜなくても）安心して消費できる商品になるのです。これに対してプロフェッショナルではない人が思いつき等で茶葉を混ぜあわせることを「ミックス」と言います。

最近紅茶を販売していて、紅茶をよく飲まれる顧客から次のような経験談をしばしば聞くようになりました。

「Aという紅茶にBという紅茶をちょっと混ぜると（この場合は「ミックス」）、私にとってとてもおいしくなるんですよ…」

非常に興味のある内容だったのでもう少し詳しく聞いてみました。たとえばラプサンスーチョン（正山小種、スモーキーフレーバーの紅茶）やアールグレイ（柑橘系オイル等による着香茶）のようなかなり個性的でヘビーな味わいの紅茶を、普段飲みの紅茶に少し混ぜることで、個性を味わいつつも飲みやすい紅茶にするのだそうです。これは日頃ペットボトル入りや缶入り紅茶飲料（RTD-Tea）ばかりを飲んでいたら触発されない行為です。Aという缶紅茶にBという缶紅茶を混ぜておいしくなるかなどということを考える人はほとんどいないでしょう。やはり茶葉（ルースティー、ティーバッグ）を使ってしっかりと、まさに日常茶飯として紅茶を飲んでいる消費者だからこそ、ちょっとした遊びとしていろいろな紅茶をミックスして楽しむことができるようになるのです。私もときどきティーバッグを二袋使ってマグカップで飲むときに一袋を通常の紅茶、一袋をドライミント等ハーブのティーバッグにして、気分転換することがあります。

また仕事柄、自宅ではテイスティングした残りのサンプル茶や、テイスティングの結果購入を決定した商品のシップメント・サンプル（船積見本）を飲むことも多くなります。先日も紅茶を飲もうと自宅台所にある茶葉を探したところ、いつもならたっぷりあるサンプル茶が、運悪く二種類だけ。もちろんおいしく飲むためには別々に淹れるのが当然なのですが、テイスティングしたあとのサンプルだけに葉の量が少ない。たっぷりと飲む習慣のある私は、しかたなく以下の二種類を混ぜて淹れることにしました。

①ネパールの高地グランセ茶園のセカンドフラッシュ、ＯＰ（大きい形状の茶葉）

インド産のダージリンと似ている紅茶。シングル・エステート（単一茶園）で、夏摘みの旬の商品として販売されるもので、その時の入荷はわずか一二〇キログラム。通常、ブレンドされないのが常識のお茶です。

②スリランカの中地産、ＢＯＰＦ（かなり細かい形状の茶葉）

いくつかの茶園の原茶をブレンドした、一年中提供できる定番茶。濃いミルクティー用としてよく利用されます。

こうやって淹れた紅茶ですが、「飲む」という意味ではなんら支障はありませんでした。しかし、①が本来持つ旬の味わいが②のしっかりした味によって完全に消え失せてしまっています。混ぜた茶葉をよく観察してみますと、形状（サイズ）が異なるのでうまく均一にミックスされていないのです。

これでわかるのは、どんな種類の紅茶を混ぜようが消費者としては自由なことですが、別々に飲んだほうがそれぞれの紅茶の持つキャラクターを楽しめることが多く、組み合わせが悪いとまったく意味がないどころか、むしろ茶葉の持つおいしさを損ねてしまうこともあるということです。私の例のように、高品質茶と一般品質茶をブレンドしてもけっして中級品にはならないのです。

いずれにしても、コンビニエンスストアなどで買ってきたままのRTD-Teaを飲むのではなく、各種茶葉を使用して、ああでもない、こうでもないと試行錯誤しながらミックスするのも、紅茶と上手に付き合っていく道のひとつでしょう。

ブレックファスト・ティー

紅茶の自由化（一九七一年）後、イギリスのブランドによる細分化された商品構成が、日本の市場に突然高級贈答商品として、聞きなれぬ専有商品名（プロプライエタリー）で登場しました。プロプライエタリーとは、各紅茶メーカーのパッカーが作ったオリジナルブレンドを指します。リッジウェイの「H.M.B」（Her Majesty's Blend）やトワイニングの「プリンス・オブ・ウェールズ」、リプトンの「エクストラ・クオリティ」などが相当します。

これらプロプライエタリーの登場により、日東紅茶やヒノマル紅茶、せいぜいがメーカーとしてのリプトン紅茶ぐらいしか知らなかった日本の紅茶消費者は、少し戸惑いを感じてしまったようです。どうやらこのあたりで現代に続く日本人の、イギリス紅茶に対する「憧れ」と「コンプレックス」が発生したのではないでしょうか。

さて、話を表題に戻しましょう。この贈答商品を構成する紅茶のひとつが「イングリッシュ・ブレックファスト」でした。この紅茶が日本に登場したとき、朝ベッドで飲むアーリーモーニングティー（ベッドティー）に始まって、昼前のイレブンジスや女性たちの心をくすぐるアフタヌーンティーなど、まるでイギリス人全員がこの細分化されたシステムに従って紅茶を飲んでいるかのように当時の「ファッショナブルな」紅茶の本や雑誌は書きたてたものです。

ちなみに紅茶の文化と歴史を築いてきたイギリスでは右に書いたようなプロプライエタリー商品はおもに輸出用、または観光客をターゲットに販売されています。現実の消費と言えば、ほとんどがティーバッグ。イギリスに長期滞在したことがある人や、たとえ観光であっても観光客が列を成している「フォートナム&メイソン」や「ハロッズ」でなくスーパーマーケットの食品売り場に行った人は、ティーバッグが山積みされてあるのを見たことがあるはずです。

中でも一番人気はPG Tipsと書かれたシリーズです。パッケージにはイングリッシュ・ブレックファストとは表記されておりませんが、実は一般的なイギリス人が朝食時に「ブレックファスト・ティー」として飲んでいる商品のひとつです。

なお、ブレックファスト・ティーを購入された方の中で、これは朝食時以外に飲むことができないと思っている場合がたまにありますが、もちろん誤解です。あるイギリスに詳しい方に教えてもらったのですが、ブレックファスト・ティーには「一日のはじまりに飲む紅茶」の意味があるそうです。だから、TPOにこだわりのない紅茶のヘビーユーザーであるイギリス人は経済性を考え、PG Tipsを一日中飲んでいる人も多いようです。

これらの日常的な紅茶の原産国表示を見ると、ほとんどの商品の原産国が三〜四ヵ国となっています。「インド・スリランカ・その他」や「スリランカ・ケニヤ・その他」など(三ヵ国以上の場合は他の一ヵ国はその他でもよい決まりが業界にあります。その他の国はインドネシア、アルゼンチン、バングラデシュなどの紅茶生産国です)。なぜこのように何ヵ国かの紅茶を使用するのかと言いますと、よりよい品質の紅茶を安価に大量に市場に供給するためにティーブレンダーが苦労してブレンディングレシピを作り、常に同じブランドで年間を通じて供給できるシステムになっているからです。そのおかげで、いつでも一定のクオリティが保たれた紅茶をリーズナブルな価格で買うことができるのです。

イギリスやニュージーランドの「日常茶」。

そういえばイギリス以上に紅茶習慣が残っているニュージーランドに滞在した折、トワイニングのイングリッシュ・ブレックファストがありながら、友人は最も経済的なニュージーランドの日常茶であるベルティーを楽しんでいました。

これら日常茶とブレックファスト・ティーには共通点があります。どちらかと言うとタンニンやカフェインが少なく、胃に対して強い影響を与えにくいブレンドになっているところです。そんなわけで、特別な友人を招いての午後のお茶や、夕食後にはもう少し紅茶としての特徴が強い、贅沢な茶葉を使っていたようです。

いずれにしろ「番茶」や「イングリッシュ・ブレックファスト」はお茶好きが日常生活の中で見栄をはらずに飲むことができるよいお茶であると思います。

ティーバッグについて①

先日マグカップでティーバッグ入り紅茶を飲んでいたとき、紅茶に興味を持ちはじめた女性から面白い質問を受けました。

「日本で発売されているティーバッグには紅茶ブランド名の印刷されたタグと糸がついていて、自分の好みの濃さになったら引き上げることができますが、タグも糸もついていないイギリスやニュージーランド製のティーバッグの場合はどうしたらいいのですか？」

そのとき飲んでいたのはタグも糸もない、業界用語では「座布団」と呼ばれているものでした。なるほど、ティーバッグにタグと糸がついていれば、好きな濃さで簡単に引き上げることもできますし、色つきお湯大量製造器として他のマグに移し替えて、あと一杯でも二杯でも淹れることができます（味は保証できませんが）。ひるがえって「座布団」では、わざわざスプーンで引き上げて処分しないことにはいつまでもカップの中に沈んだままです。濃くなりすぎたりはしないのか、というのが彼女の質問でした。

私の場合は濃いお茶が好きなので、たいていの場合はティーバッグを浸けっぱなしにしたまま飲んでいます（日本紅茶協会のティーインストラクター用「お紅茶教室」のマニュアルからすると「悪い例」

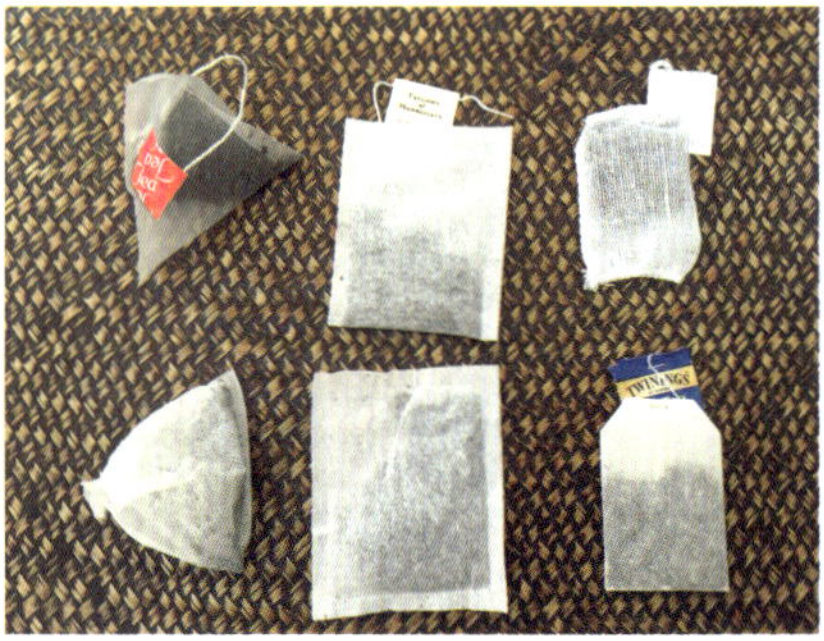

いろいろな形のティーバッグ。中央下が筆者の飲んでいた「座布団」。

かもしれませんが)。そんなわけで彼女にはこう答えました。

ティーバッグを入れっぱなしで濃くなりすぎたと感じたときの対処は、①お湯を足して自分の好きな濃さにする。②ミルクがきらいでなければミルクを加える。③どうしても気になるようであればスプーンでティーバッグを取り出す。この三つです。紅茶の場合は麺類と違って、放置しても伸びてまずくなることがないので、たいがいはこれで対処できるのではないでしょうか。

さてここであまり日本人には馴染みのない座布団タイプのティーバッグについて、少し説明しておきましょう。現在はイギリスの紅茶消費の約八五%がルースティーと呼ばれる茶葉ではなく、ティーバッグです。中でも「座布団」が多く使用されています。これはマグカップに使用されるというよりも、おもにティーポットに入れて使われることが多いようです。イギリスで売られているティーバッグは一袋がどれもだいたい三グラムなので、計量の手間が省けるのと、袋入りなので茶殻処理の手間が省けるという点から、ルースティーに替わって広まったと考えられます。日本でのティーバッグの利用状況とは根本的なところが違うのです。

ティーポットにいくつかの「座布団」を放りこみ、沸かしたての熱湯で淹れた紅茶は茶葉で淹れたものと遜色ないおいしさです。「ゴールデンドロップ」と呼ばれる最後の一滴まで十分味わえます。紅茶輸入自由化の際、気軽に紅茶に親しんでもらおうとメーカーが利便性を全面に押し出しすぎた結果、日本においてティーバッグは代用品的位置づけを与えられることが多く、一部の紅茶マニアの人びとから「二級品」扱いされることが多いのは残念なことです。

ティーバッグについて②

前項で書き忘れたことがひとつありました。それは「自分でティーバッグを座布団化する」人たちの存在です。日本でもティーポットでティーバッグを淹れている人たちはもちろんいます。そんな方々にとっては、あのタグと糸は無用の長物です。そのため、自分で糸を切ってティーバッグを使っているということを複数のお客さまから聞きました。「たかがティーバッグ」と思われるかもしれませんが、私は非常に感激しました。やはりティーバッグは紅茶好きにとっては一種の完成品であり、ティーポットが普及さえすれば、「座布団」で十分なのです。

日に少なくとも三回は、ティーバッグの紅茶を私もスタッフと共に楽しんでおります。とはいえ、仕事がたてこんでいて、ケトルから沸きたての湯がゴールデンルール通りにもらえない場合もあります。読者の方の中にも職場でケトルが使用できず、少し温度の低い給湯器の湯で紅茶を淹れている人もいることでしょう。でも、飛行機の機内の、気圧の関係で沸騰しない湯で淹れる紅茶と同じことで、紅茶好きであれば状況に合わせて柔軟に対応すべきだと思います。そんな中でもできるだけおいしく淹れるヒントとしては、マグカップであればティーバッグを一カップに二個使うことです。どうやらティーバッグの紅茶は、日本紅茶協会のティーインストラクター用マニュアルの「フタをして一～二分蒸らした後、ティーバッグをそっと数回振り、静かに取り出す」を、不謹慎ながら「無視」したほうがもっと楽しくおいしく淹れられるようです。堅苦しいマニュアルに従うほど、紅茶はあなたから遠ざかってしまいます。これは第三部で述べる予定の、ティーインストラクターが増えれば増えるほど紅茶が普及しなくなるパラドックスと同じです。

このようにティーバッグが上手に消費されている一方、今お茶の世界はとんでもない変化の波にさらわれつつあります。お茶の持つ本来の味を味わうことなく、品のない厚化粧といった体の着香をさされたものが増えつつあります。例を挙げればきりがありませんが、最近の実例を三点書いておきましょう。読者の方もなるほどと思い当たる節があると思います。

(1) ペットボトル入り紅茶飲料 (RTD-Tea)

世界三大紅茶であるインドのダージリン、スリランカのウヴァ、中国のキーマンのブレンドを、和製英語のロイヤルミルクティーの名称に仕上げたもの。

(2) リーフティー (ルースティー)

紅茶業界の著名人による「紅茶を自分でブレンドする」お勧めのブレンド。世界三大紅茶のひとつであるスリランカのウヴァと日本茶の煎茶が、ウヴァ8：煎茶2でブレンドされています。もちろんなにをどう混ぜようと個人の自由ではありますが、伝統ある日本茶の繊細さを完全に無視した発想。ウヴァの持つキャラクターにとっても迷惑な話です。これも茶の世界のグローバル化のひとつかもしれませんが。

(3) ティーバッグ

オシャレな日本茶の商品化を展開しているあるお茶屋さんの商品。ほうじ茶にチョコレートフレーバーがつけてあり、キャラメルチップが混入されてあるティーバッグ。

以上のようなますますエスカレートしてきた茶の世界の大混乱を見ていると、この歪んだ流れを元に戻す必要があると強く感じます。今、茶の世界も情報資本主義の市場原理に支配されているようです。

世界各国のリプトン・イエローラベル（ティーバッグ）。デザインをまねたものも多く見られる。

ティーバッグについて③

もう少しティーバッグの話を続けます。ティーバッグのコンセプトの中心は、習慣的紅茶愛飲者のために、短時間でいつでもどこででも濃い紅茶を作れるように、CTC（Crush, Tear, Curl）やファニングス、ダスト（「屑」ではなく、粉末状の紅茶）などの茶葉が使用されているのです。ティーバッグをバカにする人の中には、ティーバッグは「屑」の紅茶が使われているとか、水色が濃く出るのは着色されているからだとか言う人もいますが、これは真っ赤な嘘です。この点が、ペットボトル入り紅茶飲料であるRTD-Teaとは本質的に異なる所以です。繰り返しますが、ティーバッグはまさしく「本物の紅茶」です。

ただ、ティーバッグは簡便性を最終目的として製品化された商品です。そのため、等級の高い（茶葉のサイズが大きい）茶葉は基本的には使用されません。等級の高い茶葉はルースティー（リーフティー）として飲んだほうが、紅茶を供給する側にとっても消費する側にとっても合理的なのです。つまり、ティーバッグとルースティーをうまく使いわけできる人こそが、紅茶通と自認する資格があるということです。

前にも書いたように、世界で多量の紅茶消費国であるイギリスやアイルランド、ニュージーランドにおいても、最近ではティーバッグがその消費形態において主流となっています。日本のオシャレな雑誌に煽られて「英国紅茶＝優雅なアフタヌーンティー」を体験しにイギリスに行ってみたら、日常生活においてほとんどの人びとがティーバッグで淹れた紅茶を楽しんでいるのに直面して、きっと戸惑うことでしょう。日本における英国紅茶ブームは一過性の幻想なのです。もう少し、かつて英国人が憧れた東洋の国の一員として、自信を持って紅茶と付き合いたいものです。もちろんティーバッグとも。

ティーポットにいくつものティーバッグが入った状態でサーブされるスリランカのホテル。

ほんとうの一期一会

「一期一会」という言葉は茶に関する記事で頻繁に使用されます。英語では「once (meeting) in life time」といたって単純な表現になるのですが、「一期一会」と漢字で書けば、日本人にとっては非常にシリアスで運命的な意味を感じます。実は私もご多分にもれず、紅茶の話をする時にしばしば使わせてもらっています。

湯を沸かし、茶葉を計量し、ポットを使って何分間か茶を蒸らし、その場に集った人たちと茶を楽しむ。この瞬間の紅茶の味はそのとき限りです。そのときいっしょに紅茶を楽しんだ中にも再会できる人、できない人がいる。この計算することのできない精神的な人生における瞬間が「一期一会」、東洋的発想であり、その原点が堺の千利休による茶の世界なのです。

さて、第一部の最後にも書いた「茶」のアルファベット表記である「CHA」(C-Communication「伝達」、H-Hospitality「もてなし」、A-Association「つながり」)のひとつひとつの文字には偶然、茶を淹れるにあたり重要な単語が当てはまります。このことを初めて本に著されたのは『茶の世界史』の著者であり、二〇一四年に惜しまれながら世を去った角山栄氏です。この「CHA」は角山氏以降いろいろな人によって表現され、AがAccomplishmentに変わったりAmenityやAmusementになったりもしますが、やはりAssociationが最適だと思います。

ところが、その茶がなぜか、湯も沸かさなければ茶葉の存在も確認できない、長期間自動販売機の中で保存しても腐ることのないペットボトルに詰められたRTD-Teaに大量に使用されています。なんとも皮肉なことに「利休　一期一会」というブランドのペットボトルすら以前は存在しました。

ずいぶん前書きが長くなりましたが、今回は茶葉と湯の計量の話です。日常生活に関わるものはたいてい、その商品（茶）の使用経験から、おのずと使用量が決まってきます。嗜好品である紅茶は、その民族・地域・気候風土・経済・個人の体調で、薬のように一概には決めにくいものです。市販薬ですら服薬者の年齢・体重・病歴によっては医者の指示を仰がなければならない場合もあります。紅茶に関して言えば、計量のことで頭を悩ませたくない方は、ティーバッグが最も便利だと思います。

講師を務める料理学校で生徒に「ティーバッグ一袋は何グラムですか？」と尋ねることがあります。残念ながら正解が返ってくるのはごくまれです。時には一〇グラムや二〇グラムといった意外な回答が返ってきます。料理を計量する感覚は磨かれているはずなのに、紅茶に対してその感覚が生きてこないのは不思議でなりません。

日本で販売されているティーバッグはストレートやレモンティーで飲まれることも多いため二グラム（たまに一・八グラムのものもありますが、これは熾烈な販売競争に負けぬための価格調整が原因となっている場合もあります）が圧倒的です。最近では本当の紅茶の味を覚えた濃いミルクティーの好きな消費者をターゲットに二・五グラムや三グラムのティーバッグも見かけるようになりました。ミルクティーの消費国である英国やニュージーランドでは三グラムが多いようです（一ポンド約四五三グラムから一五〇袋のティーバッグを作ることが多いので、三・〇二グラムのように端数がつくこともあります)。いずれにしても、ティーバッグはその地域の紅茶消費事情にあったサイズに計量されているということです。

「ティーバッグ一袋は一カップ分です」

こんな言葉が最近、ある著名な紅茶パッカーが販売しているティーバッグの広告に載っていました。今まで一袋のティーバッグで二杯…四杯と紅茶を淹れていたということは、ほとんど味も香りもしない色つき湯を飲んでいたのだということに気づかせてくれる台詞です。もし紅茶の計量が難しいと思う方は、このパッカーの提言する「一袋一カップ」の基本から始めてください。とはいえ、カップに一袋入れてそのままにしておくとどんどん湯が冷めてしまい、紅茶の成分が抽出できません。ちょっとカップ&ソーサーの場合は受け皿で、マグカップの場合はコースターなどで蓋をしてやると、冷めないでおいしい紅茶を楽しむことができます。

これで紅茶の魅力にはまると多分一杯の紅茶では物足りなくなります。次の段階はティーポットや急須を使って二袋のティーバッグとカップ二杯分の湯で紅茶を淹れてください。ポットでカップ二杯分を淹れた場合は、少々湯が多く入っても大丈夫です。次回はこのポットを使ってルースティーを淹れることにしましょう。

たとえティーバッグであっても湯を沸かすことから始めるのはまさに正しき「一期一会」。お茶の表情が見えない無機質なペットボトル入り茶飲料よりも素晴らしいことに気づくことでしょう。

ルースティー（リーフティー）の計量

昨今の茶業界は大手飲料メーカーの巨大なパワーに対し、諦めというか完全に妥協の姿勢となっています。しかし、もうそろそろ茶業界から「茶葉を工業化せず、消費者が茶葉をお茶屋さんから直接購入し、湯を沸かしてふつうに茶を淹れ、それを通じて人間相互の一期一会の出会いを楽しもう」というあたりまえのことを提言して欲しいものです。

ああ、前の話題を引きずってしまいました。この項は茶葉の計量がテーマです。ティーバッグに対して計量の必要のある茶葉は、日本では「リーフティー」と呼ぶことが多いのですが、国際的な茶用語では「ルースティー」と呼ばれています。これはティーバッグ以外の、茶葉が一杯分ずつ個別の袋に詰められていないバラの状態にある、缶やパケットと呼ばれる袋に詰められた紅茶のことです。ティーバッグと違って、ルースティーで紅茶を淹れる場合には計量が必要になります。

茶葉には各種の等級（形状。OP、BOP、FBOPなど。この場合の「等級」は、品質とは関係なく、茶葉のサイズを指します）があります。紅茶を購入すると、日本の場合はたいていパッケージのどこかに淹れ方が明記してあるはずです。たいていは「ティースプーン約一杯」や「三グラム〜三・五グラム」のように書かれています。それに湯が○○cc、蒸らし時間が○○分△△秒。この数値は各パッカーで必ずしも一致しておらず、千差万別です。何事にもマニュアル化された数値が好きな日本人は、ここで悩みの第一段階が始まります。計量がティースプーンでできるならさして問題がないのですが、実は日本ではティースプーンが案外と普及していないのです。

ティースプーンと言ったときに多くの方が頭に思い浮かべているのは、おそらくティースプーンよりひと回り小さいコーヒースプーンです。これで茶葉を測っても薄い紅茶しか淹れることができません。これは、各種のティーインストラクター資格を持っている人が日本中に一〇〇〇人以上いて、紅茶に関する難しいマニュアルは教えることはできても、各家庭にティースプーンが普反するような草の根活動をしていないこと、英国式アフタヌーンティーなどファッション化した形式が優先であることの証しだと私は思います。

愚痴はこれくらいにして、解決方法を探しましょう。最も簡単な解決方法は、「ティーメジャー」もしくは「キャディースプーン」と呼ばれる紅茶専用の計量スプーンを手に入れることです。ひと昔前まではイギリスやアイルランド・ニュージーランド等の紅茶消費国のお土産ぐらいでしか見かけなかったこのティーメジャーでしたが、最近は百貨店やスーパーマーケットの日用雑貨売り場、場所によっては一〇〇円均一ショップでも取り扱いがあります。紅茶を販売しているお店の片隅で売られていることも多いようです。

さて、このティーメジャーを入手したら紅茶のパッケージに書いてある用量は「無視」してください。そして砂糖や塩をすくうのと同じように自然なしぐさで、ティーキャディー（紅茶用の保存缶）から茶葉をすくってみましょう。実はこのティーメジャーで計量すると、茶葉の大きさによってスプーンですくえる量がおのずと異なってくるのです。おそらくだれがすくっても小さな茶葉はすり切りに近い状態に、大きな茶葉はたっぷりと山盛りになると思います。これがルースティー計量の基本です。これさえ押さえておけば、あとはその日の体調・気分で自由に調整すればよいのです。

嗜好品である紅茶、おいしく飲むために基本の淹れ方は守るべきですが、コンマ何グラムまで指示されるような最近の風潮に屈することなく、ぜひ自由に楽しんでください。それで初めて日常に紅茶が普及するというものです。

今、私の手許にいくつかの紅茶パケットがあります。これらは日本で売られているものではなく、イギリスやインドなど紅茶の大量消費国のものですが、そのパッケージにはブランド名だけで淹れ方などはいっさい明記されておりません。これは不親切ではなく、紅茶が彼の国の人びとにとって日常的なものになっている証しです。

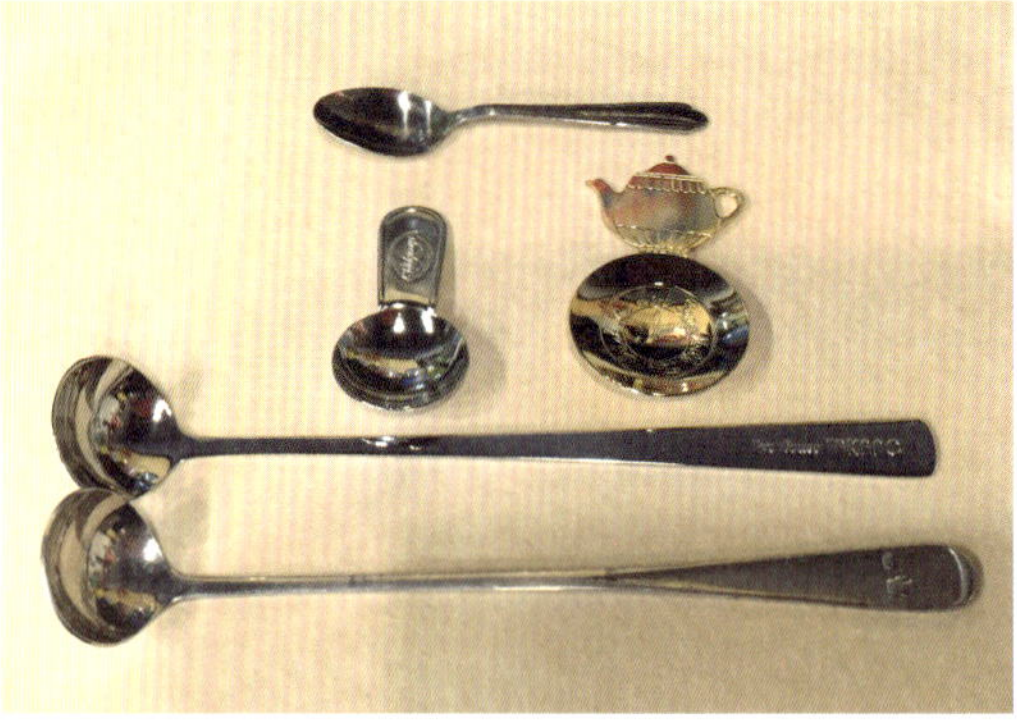

さまざまなティーメジャー。ちなみに一番上はコーヒースプーン。明らかにサイズが違うため、茶葉の計量には向かない。

想像以上に正統派、納得のインスタントティー

さて、このへんで市販されている紅茶を分類してみましょう。まず①カップ一杯分が計量されてあるティーバッグ、②茶葉の状態で包装されたルースティー、③インスタントコーヒーの紅茶版に該当するインスタントティー、④最近では最もポピュラーな飲料となった、ペットボトルや缶入りのRTD-Teaまたはインダストリアルティーと呼ばれる液体紅茶飲料の四つです。この項では今まで触れていなかった③について書いてみることにします。

インスタントティーは専門的にはＩＴＭ（Instant Tea Mix）と呼ばれ、粉末状にした紅茶エキスに糖分、ミルク成分やレモン・アップル等の香料を加えたものです。商品形態としては大きなもので約六〇杯分のインスタントティーが、密閉性のあるプラスティックの蓋がついた缶に詰められています。ちょうど赤ちゃんの粉ミルク用の缶をひと回り小さくしたくらいのサイズです。この空き缶は、ティーバッグを入れたり、クッキー等を短期的に保存したりするのに便利で、（いくらリサイクルされるといっても）あの大量消費されるRTD-Teaのペットボトルに比べると、非常に環境にやさしい作りになっています。

このインスタントティーの淹れ方は至極簡単です。ホットで飲むならカップにインスタントティー粉末を入れてお湯を注ぐだけ。アイスであれば水と氷を入れることによって、たちまちアイスティー

のできあがりです。さて、このインスタントティー、ある程度の年齢の方なら心あたりがあるかと思います。全国どこのスーパーマーケットでも買うことができる「名糖レモン（ミルク・アップル）ティー」です。けっして派手な宣伝はされておりませんが、けっこう息の長い商品で、一九七四年からもう四〇年以上販売されています。子どもの多い家庭や年配者のいる家庭において、ペットボトル入りのRTD-Teaよりも健全に利用されていると、私は思います。

もちろん私は全面的にRTD-Teaを否定する気は毛頭ありません。しかし占める市場があまりにも大き過ぎると思っています。何億何千万本というペットボトル・缶がいくらリサイクルされるといっても、有限の資源が消費されるのですから、TPOでほどほどに消費されるべきでしょう。

インスタントティーの話に戻りましょう。最近ではいろいろな会社からインスタントミルクティーが発売されはじめました。家族構成単位の減少から、徳用缶よりも分包が中心となりつつあります。ティーバッグと同じ進化形態でしょうか。いずれにせよ、これらの商品は必ずティーバッグやルースティーと同じように家庭内でお湯を沸かして飲用するという健全さがあるのは間違いのないところです。

ミルクティー系インスタントティーのいろいろ。

水で出るのか、水出し紅茶？

紅茶人間の私は、どんなに暑かろうが寒かろうが、習慣的に朝起きたらまず湯を沸かし、ポットたっぷりの熱い紅茶で朝食。約一時間一〇分の通勤で、オフィスに着くなり、マグカップ一杯のティーバッグによる熱い紅茶と牛乳二〇〇ミリリットル（この牛乳はそのまま飲みますが、ときには濃くなった紅茶に加えることもあります）、そして水二〇〇ミリリットルを補給します。この習慣が私を病気や脱水症状から守ってくれています。熱い紅茶に感謝!!

ところで、昨今の猛暑のおり、飲料関係の現状を眺めてみて気づいたことがあります。ビール、清涼飲料はもちろんですが、年々緑茶および「茶外茶」（茶樹の葉以外の葉や実で作られた飲みもので慣習的に「茶」と呼ばれているもの）の「水出し麦茶」等々が市場を賑わしました。年々ひどくなっているように感じる猛暑であれば、湯を沸かして淹れるルースティーやティーバッグは暑苦しくて商売にならない。そこでなんとなく清涼感をそそるというだけで、「水出し紅茶」登場となったのでしょう。

以前観たNHKのテレビ番組「ためしてガッテン」では、紅茶をおいしく淹れるためには①湯の温度、②茶葉がポットの中で浮かんだり沈んだりを繰り返す現象（ジャンピング）が二つの大切なポイントとして強調されていました。特に湯の温度に関しては九五℃～九八℃、一〇〇℃（物理的に不可能）など、ずいぶん神経質に討論されていたようです。とはいえ、これはまだ紅茶の淹れ方としては理解できるものでした。まあ私に言わせれば、ピーピーヤカンの愛称で呼ばれるホイッスル・ケトルがピーピーと鳴きだしたら、温めて茶葉を入れたポットにその沸かしたての熱湯を注げばすべて完了する簡単なものですが。

いずれにせよ、経験上、紅茶の淹れ方というのは湯を沸かして飲むものと信じていたのが、「水出し紅茶」の出現で頭の中は混乱状態になってしまいました。それから「水出し紅茶」が本当においしいのか、色々な角度から検証しようかとも思ったのですが、どうもあまり気乗りがしないのです。そのひとつ目の理由は水の問題です。

カルキ臭いと文句を言う人がたまにいますが、なんだかんだ言っても日本の水は安心して飲むことができます。特に大阪市内全域には高度浄水処理水が供給されているので、「水出し紅茶」を淹れても、あまりに長時間置いて雑菌が発生しない限りは安全です。ところが、もしこの「水出し紅茶」を生水の飲めない国に持参して使用したらどうなるか。答えは待つまでもありません。いずれにしろ、紅茶を淹れようとすれば、たとえ最悪な状態の水であっても、沸騰させ、たっぷりと茶葉を使ってやれば安心して紅茶を飲むことができます。だとしたら、そのやり方のほうが自然な気がするのです。

二つ目は成分の問題です。紅茶の渋味のもとであるタンニンは、水には溶け出しません。最近の日本人に増えている、渋味の苦手な人にとってはそれが水出し紅茶を好む理由なのでしょうが、渋味こそが紅茶のおいしさであると考える私にとっては、あるべきものが存在しない間の抜けた紅茶に思えてしまいます。やはり紅茶は熱湯で淹れるほうがいいのではないでしょうか。

アイスティーについては、次項で触れようと思います。

ちょっと困ったアイスティー

もともと茶（紅茶）は伝統的に、製品化された茶葉の成分を抽出してホットで飲まれていました。そのほうが茶葉の風味が完全に引き出され、茶の価値がはっきりとわかるからです。この熱いお茶によって脈々と茶の文化が継続し、形成されてきました。その意味で、茶は飲料でありながら、三大アルカロイド飲料（コーヒー、ココア、茶）として、他の清涼飲料水などとは区別されています（ちなみにペットボトル入りRTD-Teaは「本物の紅茶」と区別するために、紅茶飲料のカテゴリーに分類されます。スーパーマーケットなどでの売り場も、嗜好飲料ではなく清涼飲料水と同じコーナーです）。

さて発祥の地であるイギリスでは長年ホットで飲まれていた紅茶ですが、アメリカのセントルイスの万国博覧会（一九〇四年）で紅茶を売っていたある店が、あまりにも暑い日だったので紅茶をアイスにしてみたら爆発的に売れたのがアイスティーのはじまりであると言われています。

日本においては、戦後アメリカ文化の影響を色濃く受けてきたということと、蒸し暑い気候には冷たい飲み物が合うという点、とりわけアイスティーの透明感のある爽やかな水色と添えられた清涼感を感じさせるレモンが好まれ、日本の夏の清涼飲料として定着しました。これはこれで、紅茶の普及にはよいことだと思います。

また濃い目に淹れた熱い紅茶を、氷をたっぷり入れたポットの中に勢いよく入れ、急激に冷えた紅茶をさらに氷の入ったグラスの中に入れるというダブル・クーリング法で淹れたアイスティーは、最近流行の水出しよりもしっかりとコクのある味に仕上がります。これはミルクを入れても、水出し紅茶と違ってミルクの風味に紅茶が負けることはありません。

さて過日、ある女性のお客さまから「いろいろな果物を加えておいしいアイスティーになる茶葉はありませんか」という質問を受けました。夏になればアイスティーに関する質問を頻繁に受けますが、果物を加えておいしくなる紅茶となると、私も経験不足。その「紅茶」と「果物」の組み合わせの意味が理解できず、戸惑いました。私はレモンやライムはアイスティーの清涼感を表現するための役目で十分だと思っています。そのお客さまへの私の回答は「紅茶に果物をぶち込んでもあまり意味がありません」というもので、彼女は納得してくれました。

その翌日、たまたま友人の紅茶人間（紅茶好きに対する愛称）が「Tさん、変な紅茶の記事が新聞に載っていたよ」と記事を持参してくれたことで「紅茶」と「果物」の謎が解けました。その新聞記事のタイトルは「三〇〇・一〇〇年アニバーサリーイヤー」（トワイニング紅茶創業三〇〇周年記念、リプトン紅茶輸入一〇〇周年記念）。

てっきり伝統的紅茶ブランドの、日本における紅茶の正しい消費のしかたに関する記事かと期待したのですが、いつもながら某紅茶研究家による、紅茶に関心を持った若い女性を惑わせる関連記事に終始していました。たとえば紅茶に生のリンゴやメロン、パイナップルを加えてフルーツ紅茶を楽しむ。さらに手軽にするには市販のペットボトル入り紅茶飲料を使う（！）などなど…。結論的には「紅茶を

『何でもあり』と気軽に楽しんでほしい」という内容でした。

私に質問をしたお客さまは「紅茶は紅茶で飲んで、果物は果物で食べればいいのですね」と言って帰っていかれました。

そのとおり、茶は茶として大切にしたいものです。書店の棚にはずいぶんと紅茶の本が増えましたが、結構この「紅茶」と「果物」を組み合わせた摩訶不思議なレシピが載っている本がたくさんあります。

一度チェックしてみてください。

タイなど東南アジアで一般的に飲まれている、コンデンスミルク入りの甘いアイスティー。暑い国による紅茶の独特な進化形態。

着香茶（フレーバーティー）の話

巷にはいま、ありとあらゆる種類の紅茶（特にビジュアルアピールを狙ったフレーバーティー）が溢れかえっていますが、そんな現代の紅茶好きの方々にとっては考えられないような経験をしたことがあります。

まずはリプトンの青缶に関わる話。

一九五一年（昭和二六年）のある日のこと。私は友人から譲ってもらったリプトン紅茶の青缶を所持してＰＸストアに入ったということだけで、警官にヤミで紅茶を買った（ＰＸストアは進駐軍の兵隊だけが物品購入可能でした）と誤解され、逮捕されたのです。しかし、こんな苦い経験がありながらも、青缶は今も私の大好きなスリランカ（セイロン）紅茶です。

次に、私の紅茶屋としての商いの大きなファクターになったのが、（事件というわけではありませんが）一九七一年の紅茶の貿易自由化です。それにより、戦前から馴染みのリプトンやブルックボンド、日東紅茶などの定番ブランド紅茶以外に、「王室御用達」という付加価値をつけられた英国紅茶が黒船のように襲来しました。

これらのブランド紅茶は、日常消費以外をターゲットとして、御中元や御歳暮のギフト市場で販売競争を繰り広げました。トワイニング、ジャクソン、リッジウェイ、メルローズなどの銘柄を聞けば懐かしく思われる年配の方もいらっしゃることでしょう。ギフトセットの典型的なものは、英国の紅茶屋さんの定番であるダージリン、アッサム、オレンジペコ、イングリッシュ・ブレックファスト、アールグレイ、それに加えて各パッカーの専売商品（プロプライエタリー。たとえばトワイニングのクイーン・マリー、ジャクソンのロンドンデリー・ミクスチャーなど）によって構成されていました。

これらの輸入自由化以前はあまり見かけなかった、定番商品以外の商品に私が関心を持ったきっかけは、実は、向かいの奥さんが「臭くて飲めない」と持ってきてくださった紅茶にあります。確か1/4ポンド缶だったと思いますが、開けてみると、リプトンの青缶とはずいぶんと違った特殊な匂いが。しかし（その頃は着香された紅茶に対してなにも知識がありませんでしたが）、私にとっては臭いどころかとても魅力ある香りで、夢中になって二日で1/4ポンドを飲みきってしまいました。その紅茶がアールグレイです。

ここで簡単に着香茶について説明しておきましょう。着香茶には大きく分けて二種類のものがあります。ひとつ目は茶葉に花や果実などを混ぜて、香りを茶葉に吸収させた「センテッドティー」。あくまでも自然な香りで、ジャスミンティーやミントティーがこれに相当します。柑橘系ベルガモットで着香した本来のアールグレイもこのセンテッドティーです。

二つ目は人工香料などを茶葉に噴霧して着香した「フレーバードティー」。ベルガモットの香料で着香したアールグレイはこちらに該当します。人工香料は安価な上、安定した着香が可能という理由からか、最近はこちらが増えてきているようです。

さて右に書いたのは今から四〇年以上前の、当時唯一の着香茶であったアールグレイにまつわる出来事ですが、これと似て非なる現象が最近私の身辺で頻繁に起こりはじめました。

「堀江さん、これいったい何なの？　いただきもので返すわけにもいかないからマーケティング用に使って」と、まるでトイレ用の消臭剤を彷彿とさせるような、花びらや人工香料、金平糖などが添加された紅茶を持ってくる友人が増えてきたのです。多くは、先ほどの説明に照らせば「フレーバードティー」に相当する紅茶です。そしてどうやら、茶葉本来の持つ香りがぜんぶ消えてしまうようなこの異常な香りづけをする風潮が、紅茶だけではなく、緑茶や中国茶の世界にも起こっているようです。紅茶自体を味わうことを至上としてきた身にとっては残念でなりません。

「茶」はあくまでも「茶」として、もう少し大切にしたいものです。

CTC（CRUSH・TEAR・CURL）TEA

前項にも書いたとおり、ここ何年間かの紅茶の一般消費形態は、私から見るとあまり健全なものとは言えません。ありとあらゆるフレーバー（自然・人工香料）を紅茶に添加し、さらにご丁寧にも「見た目が可愛くて美しいもの」、たとえば金平糖、花びら、ハーブなどを混合（第二部の最初のほうで説明した言葉を使えば「ミックス」。けっして調合を表す「ブレンド」ではない）したものを、オシャレなパッケージに詰めて販売されるのが主流でした。この形態は、新規参入者のコピーが多いので、悲しいかな当分続くと思われます。

消費者がいつまでもこのような一過性の奇抜な形態に興味を持ち続けると錯覚したマスメディアによって、同じような取材も繰り返されています。それが証拠に、書店の棚には同じような金太郎飴的紅茶の本がぎっしりと詰まっています。確かにこの着香茶（ここでは総称であるフレーバーティーという呼び名を使います）を中心とした流通は、いかにも巨大な市場が展開されているように錯覚をしがちですし、将来も大きな市場を形成するかのような幻想と期待を感じさせます。しかし、真の紅茶市場というものは、ペットボトル入り紅茶飲料であるRTD-Teaに比べてそう巨大ではないのです。実際のところは、消費されずに持て余しているフレーバーティーが、どこのご家庭にもひとつや二つあるのではないでしょうか。

とはいえ、紅茶人間の私が現代の紅茶事情に完全に絶望しなくて済んでいるのは、そんなオシャレにあぐらをかいた幻想的消費の対極に、これから書くような傾向が見えてきているからです。それはＣＴＣ紅茶の消費増加です。

一般にはまだあまり知られていないので、ＣＴＣについて少し専門的に説明しておきましょう。紅茶の代表的な製造工程は①オーソドックス製法、②半オーソドックス製法、③ＣＴＣ製法、に分類できます（詳細は「紅茶ができるまで」の項および巻末用語集参照）。

日本で消費されている紅茶は大部分が①か②です。これらは日本の緑茶の作り方と、発酵以外の部分に関してはだいぶ似ています。ところが③は作り方も茶葉の形状も、明らかに異なります。③は、①や②と違って葉の形を残していません。ＣＴＣのＣはCrush（砕く）、ＴはTear（引きちぎる――Twist, Turnと表記されている文献もあります）、ＣはCurl（丸める）の略です。その外観は小さな塊粒状で、茶の可溶成分をまわりに付着させて乾燥しているので抽出時間が早く、そしてありがたいことに安価です。日常茶・ティーバッグ用として非常に便利な紅茶、それがＣＴＣなのです。

どうやらフレーバーティーに飽きた若年層を中心に、このＣＴＣの茶葉の購入が際立って増えてきているようです。ちなみに私の店では比較的早くからＣＴＣを販売していましたが、発売当初はその形状からのイメージ（茶葉らしくない、虫の卵を連想するなど）であまり評判がよくなかったのを覚えております。

ところが、いわゆる紅茶教室やマニュアルどおりの型にはまった、個人の感性・嗜好を無現した紅茶指導に対して疑問を持ちはじめた人びとにより、CTCは日常茶として最適な紅茶と認められはじめました。毎日紅茶を飲む習慣になった人にとってCTCは生活のツールとして完全に取り込まれたように見えます。やはり型にはまった押しつけによる指導には必ず反動があるものです。そのおかげでおいしい紅茶が草の根で広まったことに関しては、怪我の功名のような部分もありますが。

CTC紅茶の魅力は、少々計量が雑でも、抽出時間を間違えても、少々水質が悪くとも、しっかりと濃く淹れることができるという点です。ミルクともたいそう相性がよく、チャイ（Stewed Tea＝煮出法による紅茶）にも最適です。まあCTCはインドをはじめとした南アジアの日常茶ですから、当然のことではあります。

インドやスリランカ、イギリスやニュージーランドの人たちのように、茶は自動販売機からでなくお茶屋さんから茶葉を買って自分で淹れるのが、過去においても未来においてもまっとうな生活習慣なのではないでしょうか。

南アジアの日常茶はCTC。

国産紅茶について

現在日本では、南は沖縄から北は茨城県まで三〇九の紅茶生産者がいます（二〇〇九年）。世間では紅茶と言えばインド・スリランカ・ケニヤというのが一般的で、ときにはイギリスで紅茶が生産されていると勘違いしている方も多く（ただし最近は、少量ではありますがイギリスでも生産・販売されています）、緑茶の生産国である日本で紅茶が生産されていることは意外と知られていません。実は現在の世界中から紅茶を輸入している状況からは信じがたいことですが、かつて日本の国産紅茶はイギリスに輸出されていました。ただ残念ながら一九七一年の紅茶輸入自由化後はイギリス植民地時代のプランテーションで生産される、安価で高品質な紅茶が日本の紅茶市場をほぼ完全に独占してしまいました（これはこれで安価に高品質の紅茶を楽しめるという、紅茶愛飲家にとってはありがたいことなのですが）。そんな背景がある上で、生産量が極めて少なく、また外国産に比べて品質的に課題を残しているとしても、これだけの生産者が国産紅茶の生産に努力されていることは喜ばしく心強いことだと思います。地域ごとの旬の紅茶を、その地域の近隣のひとがティーポットを使って紅茶を正しく消費することで、「オシャレ」「セレブ」だと誤解されがちな紅茶のあたりまえな普及にも大きく関わってくるのではないでしょうか。

生産量の少ない国産紅茶が輸入紅茶に品質面・価格面で太刀打ちできないということはもちろんあ

ります が、「地元の強み」を活かし、生産者も消費者も頑張って国産紅茶を成長させていきたいものです。ただ、ひとつ疑念があります。悲しいかな最近では紅茶と言えばペットボトル入りRTD-Teaが消費の主役となりつつあります。そのため、ルースティーで売れない場合にRTD-Teaの原料として流通する国産紅茶にいくつか出会いました。これだけはなんとか阻止したいものです。

日本で作られている紅茶（国産紅茶、和紅茶）をかなりの数試してみたというある顧客によると、大分県杵築《きつき》市で生産されているものが最もおいしいと感じているとのこと。私も杵築の紅茶は気に入っています。緑茶の売上が落ちたという理由できちんと紅茶の勉強もせず、いや勉強はおろかきちんと飲むこともせず紅茶生産に転向しようといった安直な生産者も国内にはいると聞いています。外国産茶葉をブレンドしたものを「国産紅茶」と偽って販売している生産者もいるという噂も聞いたことがあります（あくまで噂ですが）。そんな中、杵築は生産者の方が国際商品としての紅茶の味を、自分たちの茶葉でどうやって作るかということをまじめに研究されています。それが味にしっかりと現れているように思えるのです。

とはいえ紅茶はあくまで嗜好飲料のカテゴリーに属するもの。決めつけることはその商品を茶市場において権威づけてしまう恐れがあるため、断定はしません。残念ながら日本人は権威に弱い傾向があるので、「紅茶評論家（?）の○○さんがおいしいと言った」「ティーインストラクターの△△さんがおすすめしていた」、と聞くとつい飛びつきがちです。紅茶好きのみなさんが著名人・有名人の感想や意見に惑わされず、あくまで自分自身が好きな味を見つけられることを望みます。

国産紅茶のいろいろ。

季節によるダージリンの茶葉の違い。手前がファーストフラッシュ、上左がセカンドフラッシュ、上右がオータムナル。

季節の紅茶

「初夏を運ぶ旬の贈りもの、新茶」。四月半ばになるとこのようなコピーを緑茶屋さんの店頭で見かけるようになります。四季のある日本ならではの光景です。同じように紅茶生産国や地域の中にも日本のように、はっきりと四季のあるエリアがあります。たとえばインド・ダージリン地方の場合、冬の茶樹休眠期が終わった三～四月に最初の収穫が行なわれます。この茶葉は「ファーストフラッシュ」と呼ばれ、青みと香りの強い紅茶になります。同じように、ファーストフラッシュよりも色の濃い、五月ごろに摘まれる茶葉は「セカンドフラッシュ」、一〇月ごろに摘まれる茶葉は「オータムナル」と呼ばれます。オータムナルはコクのある、水色の濃い紅茶です。またこの他スリランカの高地、ヌワラエリヤにも季節があります。ここの場合はファースト・セカンドといった分類ではなく一～二月に摘まれたものを「ピーク・クオリティ」と呼びます。

さて、たいていの場合はパッカーによりブレンドされて一年中同じ品質を保つようにコントロールされている紅茶ですが、これら季節の紅茶に関しては単一茶園のものがノーブレンドのまま市場に出回ることも多く、味わいの違いを楽しむことができます。なお、緑茶を飲む習慣がある私たち日本人は、ついダージリンの「ファーストフラッシュ」を「新茶」と呼びがちですが、発酵茶である紅茶の場合は不発酵茶である緑茶のそれとは別物であることを理解しておいてください。

紅茶ができるまで（オーソドックス製法）
（Tea Manufacturing Proceeding Batiks by Miss. Asoka Samarawickrema）

1 ▶ **茶摘み**　Plucking
手摘みの場合、一人一日平均 20kg の茶が摘まれる。

2 ▶ **計量**　Weighing
計量され、量に応じて茶摘み人に賃金が支払われる。

3 ▸ **萎凋**（いちょう） Withering
生葉を陰干しし、萎れさせる。

4 ▸ **揉捻**（じゅうねん） Rolling
茶葉を揉んで水分を絞り出し、発酵を促す。

5 ▸ **発酵** Fermentation
適度な温度と湿度のもと、均一で十分な発酵を行なわせる。

6 ▸ **乾燥** Firing/Drying
発酵した茶葉に熱風をあて、乾燥させて発酵を止める。

7 ▶ **再生・仕上げ**　Sorting
形状・大きさを整え、枝茎やゴミを除去する。

8 ▶ **テイスティング**　Tasting
茶葉の形状・味・香り・水色・茶殻を鑑定する。

9 ▸ **オークション**　Auction
競売にかけられ、取引される。

10 ▸ **輸出**　Shipping
大きな木箱（チェスト）に詰められ、消費国へ積み出される。

注：半オーソドックス製法の場合は、4の揉捻の次に茶葉を切断するローターバンという機械を使う。

第3部

紅茶屋のつぶやき

「紅茶男子」と「紅茶教室」

ここ数年よく見かける言葉となった「紅茶男子」。長年日常習慣的に紅茶を飲んでいる「紅茶人間」を名乗っていながら、この単語の意味を理解できず、友人にインターネットで調べてもらいました。それによると、ペットボトルで（男性によく飲まれるコーヒー飲料ではなく）紅茶系の飲料を選んで飲んだり、はやりの刑事ドラマに出てくる紅茶好きの登場人物を意識してうんちくを語ったりする男性を（年齢にかかわらず？）「紅茶男子」と呼ぶのだそうで、結局のところメディアによって仕掛けられた一過性の造語であることがわかりました。それにしても、最近は本当になんにでも「△△男子」や「〇〇女子」という名称がつきます。過度な情報社会が作り出した幻想上の男性や女性に付けられた興味本位の名称ばかりに思えてなりません。

ところで、ここで問題です。日本には紅茶の公的な資格はいくつ存在するでしょうか。ティーインストラクター、ティーアドバイザー、ティーコーディネーター、紅茶アドバイザー、紅茶マイスター……。正解はなんと「0」。紅茶の業界には国によって認定された公的資格は存在しないのです。にもかかわらず、各種名称を名前の上にくっつけた方々が、メディアによる紅茶ブームの影響で信じられないほど大勢誕生しています。

単純に「日常的な紅茶の普及」という見地から考えると大変有意義なことにも思えます。しかしながら、実際に街で見かけるのは、日本紅茶協会（民間団体最大手）のティーインストラクターによる極度にマニュアル化された、イギリスコンプレックスの幻想に起因する「お紅茶教室」。一見、権威のありそうな組織に対する羨望からか、有資格者がどんどん増えています。

その一方で、近年は、あまり組織や権威に拘束されない、個人的に紅茶が好きな方々が、ティーコーディネーターなどの肩書き（日本ではなにかを始める際には、それらしき肩書きが必要なようです）を自らに冠して「私の紅茶教室」的なものをどんどん開きはじめました。これは紅茶の普及を考える場合、非常に有効なアクションだと思います。彼らは、団体に所属しているティーインストラクターのように、完全にマニュアル化された保守的タテ社会の人員構成に加わっていないからです。個人の教室であれば、紅茶好きの個人がフィールドワークを通じて、自身の習得した経験・知識をもとに紅茶文化を発信伝承していくことができます。マニュアル化されていない分、淹れ方などには各々多少の相違が発生しますが、ゴールデンルールさえ押さえているならば、そう神経質になる必要はないと思います。

よく考えてみれば、茶の淹れ方はもともと家庭において世代順に伝承されるもので、家庭が教室であり、普及・伝承場所であったのです。それが悲しいかな、核家族の増加や家庭内でのペットボトル入りRTD-Tea大量消費など、紅茶の伝承や消費構造が以前と比べてずいぶん変化しました。これをどうにか改善しないことには、いくら紅茶の指導者が街に増えたとしても、当たり前に紅茶を飲む文化が根づくのはむつかしいと思います。

最近、日本紅茶協会のティーインストラクターにあっても、閉鎖的なタテ社会に違和感を覚え、個人で自由にのびのびと紅茶を教える人が増えたという話をちらりと耳にしたのが、そんな中にあって救いとも言えるでしょうか。

外国のホテルのアフタヌーンティー。

紅茶とワインのこと①

いつもワインの話ばかりしているというわけではないのですが、第一部の冒頭に続き、またワインのことに触れてみましょう。正直に言うと、今の私にとって、ワインは紅茶と並ぶぐらいの魅力ある存在になっており、消費量も紅茶のそれに近づいてきています。ただし、アルコール中毒ではありません。

具体的に言うと、朝はどんなことがあってもティーポットで入れたカップ二〜三杯の紅茶で朝食を楽しみます（朝からワインなんてとても考えられないことです）。そして出勤したら、ティーバッグの項でお話ししたとおり、必ずマグカップに二袋のティーバッグを直接入れて濃く抽出し、たっぷりの牛乳。昼食は持参のお弁当に、これまたたっぷりの紅茶。たまに気分転換や接待などでイタリアンやフレンチレストランを利用する際はここでグラスワインを一〜二杯たしなみます。

そして午後のティーブレークにも紅茶を。およそあの「オシャレな」アフタヌーンティーとは無縁の、午後の紅茶のひとときです。これは状況に応じて変わりますが、たいていは二袋のティーバッグをマグカップで。あるいは気に入った紅茶やちょっと気にかかるサンプル紅茶があれば、ティーポットでカップ二杯飲むことにしています。

今のところ、仕事上で試飲する紅茶を加算しない場合、私の一日における紅茶の消費量はカップ一〇杯前後。まあ紅茶人間としては合格点と言えるでしょうか。

さてワインの量も数えてみましょう。習慣的に夕食は和食よりも洋食、特に仕事の関係上イタリア料理が多いため、ワインを飲むことも多くなります。私一人が飲む場合はハウスワインをグラス二〜三杯、相手がある場合は予算に合わせたフルボトルをシェアということに相成ります。ここでお気づきの方もいらっしゃるかもしれませんが、紅茶と（赤）ワインの成分には有名な共通点があります。世間では「抗酸化作用がある」と言われているポリフェノールです。もちろん意識してのことではありません。

最近のメディアは一般的に、口にする飲食物に対して、その薬効を強調しすぎているようにも思えます。たとえばカロテン摂取のために「あえて」ニンジンを食べたり、血圧を下げるために「あえて」納豆を食べたりすることを勧めるような。

それと同様に、紅茶やワインを、ポリフェノールを摂取するために「あえて」飲むのだとすると、それはもう嗜好品の域を超えてしまいます。楽しさやおいしさよりも健康維持を目的にした、一種の信仰的商品に変容してしまうような気がしてなりません。

ともあれ、今のところ、私は紅茶やワインを健康維持の目的では飲んではおりません。どちらかと言えば日常生活における精神的な安堵のため、まあ早い話が私の生活に紅茶やワインがあれば幸せであるという理由です。いたって単純ではありますが、明快にして十分な理由ではないでしょうか？

ワインの話をしはじめたら、色々なことが頭に浮かんできました。次項もワインと紅茶の話を続けたいと思います。

紅茶とワインのこと②

ここにキャディー缶に入ったごくふつうのルースティー（茶葉）と、飲みごろの温度に冷やされたフルボトルのワインがあるとします。この二つを消費する際の、消費者の対応を観察してみましょう。まず紅茶の場合です。淹茶法のゴールデンルールどおり水道からケトルに水を汲み、沸騰させ、ティーポットや急須に適量の茶葉を入れ、沸かしたての湯を注ぐ。あとは茶葉が完全に開き、茶の持つ好ましい成分（甘み・渋みなど）が抽出されるまで待つだけです。

一方のワインはさらに簡単で、ボトルからグラスへと静かに注ぎ、飲むだけです。これでワインの持っている滋味が飲む者に伝わります。もちろん味に対する感想は多種多様でしょう。しかし間違いなく言えることは、飲む者のワインに対する感性がどうであれ、基本的にワインを飲むにはボトルからグラスに注ぎ入れる以上の複雑な工程を踏まない、ということです。たとえばウイスキーのように水で薄められたり、オンザロックにされたりすることはほとんどありません。これはワインにとってとても幸せなことです。本来は紅茶も同様なのですが、悲しいことに紅茶の場合はせっかく持っているキャラクターに果物を入れられたり、ぬるい湯で淹れられたり、ストップウォッチ片手に抽出されたりしてマニアックに飲まれていることがままあります。こう比べてみると、本来の魅力をそのまま見てもらえない紅茶がとても可哀想に思えてきます。

販売スタイルや販売の分量に関しても同様です。紅茶は輸入食材店や食品雑貨店などでそれこそ何十、何百もの種類が売られています。ただしそのうちの多くが人工香料で着香されたフレーバーティーや「〇〇王室（最近はイギリス以外の国のことが多い）ご用達」の高級紅茶で、いわゆるふつうの紅茶は数えるほどしか扱われていません。販売単位もお徳用の一ポンド缶（約四五〇グラム）は市場からほとんど姿を消し、主流は毎日飲むには不経済な一〇〇グラム以下になっています。最近では二五グラムなどというポットで三回程度飲んだら無くなってしまう分量のものもよく見かけます。

一方ワインはと言えば、もちろん宝石以上に高いものも売られていますが、中級品や日常用がそれ以上にたくさん売られています。専門店だけでなく、街の酒屋さんでも同じです。バブル時代のマニアックな、あるいは見栄としての高級ワインブームが終焉したのちに広まったこの販売スタイルのおかげで、いままでビールや焼酎を飲んでいた層も取りこむことができたようです。またワインは、コンビニエンスストアなどどんなお店でも簡単に手に入るフルボトル（七五〇ミリリットル）やハーフボトル（三七五ミリリットル）以外にも、パーティーなどで重宝する一五〇〇ミリリットルサイズや飛行機の機内食で供される二五〇ミリリットルなど、ＴＰＯに合わせたサイズのものがさほど難しくなく入手できます。ここが紅茶と大きく異なる点です。

このようにいくら高品質であっても誤った淹れ方で消費される紅茶と、正しく消費されるワインとでは、結果的にはどんどん消費量に差がつくことになります。現実に日本でのワイン消費量はなんと年間一人当たり二五七〇ミリリットル（二〇一二年度）、フルボトル三・五本近くあります。一方、紅茶を継続して買い続けている消費者といえば、悲しいかなごくごく限られた人に圧縮されているようです。ワインは自動販売機では購入することができない、紅茶飲料は自動販売機で簡単に購入できる、その辺の消費文化の形態もなにか関わりがあるような気がしてなりません。

自動販売機にブランド紅茶

前項まで書いてきたとおり私にとって生活必需品になっている紅茶とワイン。付け加えておくと、紅茶の場合は仕事上、テイスティングとして飲む分は口の中で味わったのちに吐き出すので、飲んだことにならないものもあります。ただし、そのときに気に入ったものがあれば、テイスティング後に改めて淹れてゆっくりと味わいます。赤ワインは完全にプライベートで飲むものなので、味わっても吐き出すことはなく、最後までゆっくりと飲み干します。

さてワインを購入する際、私の場合はブランドよりもその原産国で選ぶことが多くなりました。日常ワインであればフルボトル一〇〇〇円前後で十分満足できるものがあります。一般的に紅茶と言えばイギリスとイメージするように、ワインと言えばフランスという概念がまかり通っていますが、固定概念を外して、南アフリカやアルゼンチンやチュニジアなどのワインを試すことにしています。すると、同じ値段でフランス産よりもおいしいものがあったりします。手頃な価格でおいしいものが飲める、ワインは非常に健全に日常生活へと普及しているようです。

ひるがえって紅茶の世界をのぞいてみますと、相変わらず混沌としているようです。ティーインストラクターがずいぶん増えて、その方々の指導でルースティーの消費が伸びることを期待したのですが、日本紅茶協会認定「おいしい紅茶の店」の認定店が増えるよりもむしろ、自動販売機で販売されているペットボトル入り紅茶飲料であるRTD-Teaのほうが増えているぐらいです。それら紅茶飲料の「ブランド」を眺めてみると、リプトンやトワイニング、フォションといった世界の著名紅茶ブランドが軒並み自動販売機で売られています。そういえば以前はトワイニングのティールームがありましたが、いつの間にか姿を消してしまいました。まあルースティーをまじめに紹介する店が一店消えようが、日本中いたるところに置いてある自動販売機で量販するほうが、時代に合っているのかもしれません。

日本はいつの間にか、世界の著名ブランドの紅茶を、湯を沸かさずとも「紅茶飲料」として自動販売機で購入できる紅茶消費国になりました。これは紅茶を「ゴールデンルール」に従って淹れることを啓蒙するティーインストラクターも力及ばない世界です。どうやら自動販売機による上手な紅茶の買い方、上手な飲み方を教えなければならない由々しい事態になってきたようです。四〇年前に私が想像していた未来の紅茶世界とはずいぶん違っています。複雑な気持ちです。

大いなる矛盾

だいぶ前の話になりますが、雑誌を読んでいた私の目を釘づけにした記事がありました。紅茶仲間のT・I氏の「カフェで提供する本物の英国ミルクティー」というものです。紅茶業界では著名な研究家であり、随分たくさんの紅茶啓蒙用の著書を執筆され、ご自分でもお店を経営されている方です。さて記事の主旨は、「カフェでは『本物』という言葉はとてもインパクトがある。紅茶の世界ではコーヒーのような抽出マシンは一般的に普及しておらず、自らの手で淹れることが唯一の方法だ。必要なのは茶葉と伝統的に使われてきたミルクだけ。多少手間だが、それらの品質と淹れ方にこだわることが、お客の要望を満たすことになる…」。カフェの経営者には非常に参考になる記事でした。このような記事はカフェにおいても紅茶を普及させていくきっかけになり、日本において、どこでも気軽においしい紅茶を飲める店の増加につながる、すばらしいものだと思います。

ただ気になるのが、二〇〇二年度以降日本紅茶協会認定「おいしい紅茶の店」一覧にT・I氏の店が掲載されていないことです。一流専門誌で紅茶の正しい普及を指導されているT・I氏の店が認定取り消しとは。なにかの間違いかと思い、新しい一覧が出るたびに確認しています。が、やはり出ていません。別にT・I氏の肩を持つわけではありませんが、正直言って紅茶全体の普及を目的とする日本紅茶協会の下部組織であるティーインストラクター会のごく一部の方は、一体何を考えているのかと思ってしまいます。一度、その取り消しの理由を聞きたいものです。もし紅茶協会のマニュアルの認定基準に達しないとの理由で取り消しになったのだとしても、もう少し前向きに、あったかい気持ちで指導してほしいものです。

それにしても、専門誌で紅茶の普及のためにカフェを指導される記事を書かれている方の店が認定取り消しになったり、指導されなければならなかったりするこの大いなる矛盾。紅茶の世界（というより紅茶業界）は随分エゴが強いように思われます。このような矛盾が続く限り、缶・ペットボトル入りRTD-Teaは普及しても本物の紅茶が普及しないのではないでしょうか。ティーインストラクターが増えれば増えるほど、真の紅茶の消費者が離れていくというパラドックス。どうかそのようなことにならないように…。

マレーシアの日常茶テ・タレック。

モロッコのチャイ。インドなど南アジアのものと違ってストレートで飲まれる。

日本に紅茶が普及しない理由

家族や友人たちとの音楽会、その前後の食事、会場でのインターミッションでのグラスワイン…。至福のひとときです。先日行ったコンサートは始まりが一四時で、会場に着いたのが一二時。二時間もあればゆっくりとランチタイムのコース料理を楽しむことができるので、会場近くのイタリアン・レストランでの食事となりました。

仕事柄、飲食時にはどうしても私の頭の中は常に紅茶のことでいっぱいになるのですが、ホテルやレストランでのティーサービスはあまり期待できないというのが私たち茶商仲間での定説です。それでも、私は好奇心から（しかし、どんなときでも期待をこめて）、食後にはどのような紅茶が提供されるのか、つい注文してしまいます。残念ながら大抵の場合はがっかりすることになるのですが。

これは消費者側にも原因があります。日本では大部分の注文がレモンティーです。濃く淹れたタンニン（渋味）の多い紅茶はレモンとなじまないため、飲み手に敬遠されます。その結果、〝色（これを紅茶用語では「水色《すいしょく》」と呼びます）だけが紅茶らしい〟色つきのお湯が提供されます。紅茶輸入自由化開始から四〇年もの間、これで万事済まされているので、いくら良質の茶葉が使用されていても、日本では飲食店などではおいしい紅茶を飲むことができないのです。非常に残念です。紅茶好きの消費者はもっと好みを主張していくべきだと思います。

さて食事も終わり、デザート時のコーヒーまたは紅茶の注文には、もちろん紅茶を、そして特に濃くしていただくようにお願いしました。すると、ポットではなくカップ・オブ・ティーではありましたが、まさに紅茶らしい、満足のゆく濃さの紅茶が提供されました。ミルクもコーヒーフレッシュ等のポーションタイプではなく、量がたっぷりのふつうのミルクでした。あまりにおいしかったのでおかわりを注文したほどです。

これで思い出されるのが、認定証取得だけが目的の一部のティーインストラクターの人たちです。私の友人の紅茶屋さんが紅茶講習会にティーインストラクターを招聘したときのこと。講習会後の慰労を兼ねて食事会にお誘いしたそのインストラクターが、なんと食後にはアイスコーヒーを注文されていたそうです。もちろん何を注文しようが個人の自由ではありますが、同じ紅茶に携わっているものとしてやるせない気持ちになります。

これとは逆の、最近の喜ばしい傾向として、私の経験では(ふつうの喫茶店では相変わらず「色つき湯」ではありますが)、カフェやレストラン関連では料理との兼ね合いで、かなり紅茶に関心を示しているお店が増えてきたように思います。食後に茶葉入りの紅茶をポット・サービスするお店が増えてきたのもその証しのひとつです。そんなわけで、私はどんな店に入っても、食後の飲み物は紅茶と決めております。

私がティーインストラクターの方々に希望したいのは、資格云々よりもまず本人が本当に紅茶好きで、日本中の飲食店が少しでも正しく紅茶を提供するように、あらゆる機会を通じてアドバイスしていかれることです。それこそが真の紅茶普及につながると思うのですが。

そういえば、日本紅茶協会の「おいしい紅茶の店」も、本当においしい紅茶を出す店が何店か認定を取り消されたという悲しい話を聞きました。せっかく一度は認定された店なのですから、もう少しあたたかく見守り、指導すべきではないのでしょうか。

二〇一五年現在、日本全体での認定店はわずか二一八店です。一九七一年に日本で紅茶の輸入が自由化されてから、茶商なりティーインストラクターなりがもう少し正しい方向に紅茶の店を指導・啓蒙していれば、この何倍もおいしい店があってもおかしくないはずなのですが。この認定店制度の発足は一九八八年、インストラクター養成開始は一九九一年です。紅茶というのはゴールデンルールに従って淹れれば、インスタントラーメン同様、誰にでも簡単においしく淹れることができる商品ですが、その指導があまりにもマニアックになってしまった結果、このような異常な状況になったと思われます。

私の手許にある資料によると、この認定店は二〇〇〇年に一五一店でした。ここ数年は空前のカフェブームが起きていたにもかかわらず、一五年間で六〇店舗程度しか増えていません。これは私の紅茶好きの友人たちに言わせれば「狂気の沙汰」ではないかと笑ってしまう始末です。もちろん、何年間か継続して「おいしい紅茶の店」であっても、何らかの事情でその認定基準に合格しない店があるかもしれません。またどうしようもない店もあるかもしれません。しかしそこはもう少しあたたかい目で指導してこそ、店にとっても紅茶業界にとっても、また消費者にとっても利益のあることではないでしょうか。

インドやスリランカの街をゆく紅茶メーカーの宣伝兼運搬車。

紅茶を飲むのに資格は必要？

輸入されている紅茶の半分以上が、RTD-Teaと呼ばれるできあいの液体紅茶飲料に化けてしまう日本の紅茶消費事情下において、なぜか『ケイコとマナブ』などの資格情報誌やウェブサイトには、ティーアドバイザーやティースペシャリストなど、もっともらしい資格取得の案内が頻繁に掲載されています。それも、多くのものが習い事にしては受講料がやたら高額です。わずか二日間で十何万円のものがありました。沸かしたての湯で淹れる以外、一体なにを学ぶのでしょう。まさか、自動販売機から出てくる紅茶飲料の上手な飲み方を伝授されるわけでないでしょうし…。

正直、紅茶を楽しみのために飲むのには、資格はいっさい不要だと思います。仮に、紅茶を業務関係(喫茶店・レストランなど)で提供するのであっても、保健所への申請で十分。では、この摩訶不思議な資格取得養成講座がなぜもてはやされるのか？ 資格を取得しておけば何かのときに役立つと考えられているからでしょうか。もしくは単なる資格取得魔か。

そうは言っても、料理学校や料理教室、カルチャーセンターで、紅茶の知識があり紅茶をよく飲む講師から、紅茶の淹れ方を学ぶことは大いにお勧めします。料理学校であれば、卒業資格はもらえるでしょう。ただし、前にも書いたように、紅茶に関しては特別な資格はありません。

ここで、資格と呼ばれるものの種類を確認しておきましょう。資格は、それを認定する機関・組織によって「国家資格」「公的資格」「民間資格」の三種類に分けることができます。紅茶に関しては「国家資格」「公的資格」は存在せず、紅茶関連企業で組織されている民間団体の日本紅茶協会が展開しているティーインストラクターが唯一のものです。この資格を取得するためには、約一年間、かなり厳しい試練を要求されます。費用に関してはリーズナブルと言えるでしょう。ちなみに、このティーインストラクター養成の目的は、「日本における紅茶の正しい普及」です。むつかしい知識をひねくりまわすのが目的では、もちろんありません。

結論として、紅茶を楽しく飲むためには資格はいっさい必要ありません。紅茶のことをもっと知りたければ、自分自身で勉強・研究することをお勧めします。無意味な動機による資格取得に奮闘するのと、紅茶を愛して紅茶をもっと知るために努力・研究することは別のものです。

さわやかな話

ここまでずっとぶつぶつと毒舌でつぶやいてきましたが、今回は紅茶に関するさわやかな話題二件を。

いまから三〇年ほど前、東京のスリランカ大使館の中に、セイロン紅茶の宣伝活動を目的としたスリランカ茶業局の出先機関がありました。そのころの私は、セイロン紅茶の日本での普及に必死になっておりました。局長と打ち合わせのため年何回かは上京する機会があり、新幹線は車内で飲食ができるので、いつも自宅で朝食の際に淹れた残りの紅茶を魔法瓶に入れて持参していたものです。常に紅茶を入れた魔法瓶を持ち歩くのを見たスリランカ人の局長から、「ホリエさんは本当に紅茶が好きなんだね」と会うたびに言われていました。その当時は、RTD-Teaである缶やペットボトル入り紅茶飲料も現代ほど普及していなかったし、仮にあったとしても信条的に飲まなかったと思います。またその頃の喫茶店や、今は廃止された新幹線の食堂車で紅茶を注文しても、出てくるのは「色つきレモンティー」だったため、自宅でしっかりと淹れた濃い紅茶を魔法瓶に入れていくのがおいしい紅茶を飲むための一番の近道でした。

さて東京のスリランカ茶業局もなくなり、上京する機会が少なくなった最近では、すっかり魔法瓶のことは忘れていました。ところがあるとき、食品学を専門に教えておられる大学の先生が私の店に来られました。その方は自宅で茶葉からふつうに淹れるのではないRTD-Teaがいかに環境によくないかを訴えておられたので、久しぶりに理屈ぬきで紅茶の話が弾みました。帰りがけに、さりげなく彼女がハンドバッグからかなり使いこまれた印象の、しゃれたカバーつき小型魔法瓶を出してこられました。まさに目からうろこ、私にとって感激の一瞬です。さっそくその魔法瓶の写真を撮らせていただきました。魔法瓶に自宅で淹れた紅茶を入れてさりげなく持ち歩く、本当に紅茶を愛するひと。久しぶりに「陰湿ラクター」でない真のティーインストラクターの品格のある方に出会えたと思いました。これがひとつ目のさわやかな話。

持ち運び用ボトル。保温機能のあるもの、茶葉を入れたままにしておけるものなどさまざま。

二つ目はこうです。ある日、調理師学校の講習を終えて帰るためタクシーに乗った際、運転手さんに「あなたはなんの講習をしてきたのですか」と尋ねられました。調理師学校の前から乗車したので、運転手さんは日本料理やフランス料理といった返答を期待されたと察します。ところが私が「紅茶を教えてきました」と答えたので、少し驚かれたようです。そして、少し間をおいてから「実は私も紅茶が好きで、五種類ほど持っている紅茶からその日の気分で選び、毎朝淹れるのです」と少し私に気を遣いながら話されました。

紅茶を毎朝飲むということはそう驚くことではないのかも知れません（タクシーの運転手さんはコーヒー党が多いので、紅茶をという意味では珍しいかもしれません）が、車が信号で停まったときに運転手さんはペットボトルを出してこられました。そして「朝淹れた紅茶の残りをこうやって空ペットボトルに、一本は自分用に、もう一本は母親に入れてくるのです」。またまた目からうろこです。次から次へと自動販売機でRTD-Teaを購入するのではなく、空ペットボトルに自分で淹れた紅茶を毎日入れ替えてくる、なんと素晴らしいことではないでしょうか。そんなすてきな運転手さんの無事故運転を心からお祈りします。

わくわくする話

少し前の話です。大阪の下町である弁天町で三〇年にわたりご夫婦で、非常に頑固に「ふつうの」消費者をターゲットに、「ふつうの」紅茶の普及を続けてこられた野口嘉孝氏から電話で、「正しい紅茶の知識のために集めた資料を預かってもらって、これから紅茶に興味を持とうとする人たちに見せてあげて欲しい」との依頼がありました。もちろん断る理由などなく、快く引き受けました。見せてもらうと、その資料はおもに一九八〇年代の紅茶・コーヒー特集の雑誌・学術書・その他、彼の情熱で集められた、わくわくするような資料ばかりです。

なぜ、彼が長年かかって集めた資料を、惜しげもなく提供してくれたか。それは、ムジカに来店される方にもっと紅茶のことを——日本における紅茶文化の歴史的な流れを——知ってほしかったからだそうです。

当時の事情をちょっと真剣に調べてみようと資料を読んでいくと、現在書店に並んでいるものがいかに薄っぺらい、ビジュアル重視の、カタログ的な、これでもかこれでもかと断片的な知識を詰め込んだ本ばかりであるかということにあらためて気づかされます。一九七〇～八〇年代の本はしっかりした基礎知識と経験に培われた内容のものが多く、著者もプロの茶商や学者の方々でした。その上、紅茶パッカーが歴史的な資料を誌面のために多く提供していました。

広告に関しても、その雑誌のコンセプトに適ったパッカーのルースティーとティーバッグが掲載されています。あの頃は、記事内容に合った広告を掲載することが確かな消費に繋がるという、市場として非常にまっとうな効果があったのです。これに対し、現在の紅茶関連雑誌は無駄な専門的知識やマニアックな記事のオンパレードです。広告も一見紅茶関係のようには見えますが、ペットボトルの宣伝がほとんどを占めています。いまや、広告やメディアで通用するのはリプトン（ユニリーバ）のピラミッド型ティーバッグぐらいになってしまいました。その結果、マニアックな記事を読んで、RTD-Tea依存症へと誘導される、大量工業消費のマーケットが形成されてゆくのです。

野口氏のような、ご自身が実践した経験と蓄積した知識を惜しげもなく提供する方がおられる一方で、大きな紅茶の団体に所属しながら、自分の習得した知識を、たとえ同じ組織内でも下位の人に持っていかれるのが嫌で、楽しいはずの紅茶を伝承するのをためらう人もいます。自分のフィールドワークで得た知識をもっと正しく語ることで、初めて楽しい紅茶のある生活が生まれるのではないでしょうか。いろいろなことに気づかせてくれた野口氏に感謝！

困った話

先日、紅茶を購入にご来店いただいた中年のご夫妻の第一声が、「昔販売されていたようなふつうの紅茶はありませんか？」でした。さらに付け加えられて「最近どこに紅茶を買いに行っても、種類は何十種類、時には何百種類もあるのに、勧められるのはたいてい紅茶以外の香りが添加されたものばかり…」

そのご夫妻の雰囲気と、おふたりと同世代の私の紅茶体験から「お客さまのお探し物は、以前どこの百貨店でも、どこの市場でも販売されていた日東紅茶とかヒノマル紅茶とか、海外ブランドだとブルックボンド紅茶とかリプトン紅茶ではないでしょうか？」と、ちょうど手元にあったリプトンの青缶をお見せしたところ、やはり予想通りでした。そこで、リプトンの青缶は（販売はされ続けているのですが）見つけるのが非常に困難であることを説明し、比較的青缶に近い風味を持つセイロン紅茶をご購入いただきました。

日経流通新聞のある記事の一部を紹介しておきましょう。

「…消費者の紅茶への認知度が高まり、他の分野から客を奪うことができる。今後も品ぞろえを強化して迎え撃ちたい…」

この「紅茶への認知度」というのは実はルースティーの認知度ではなくRTD-Tea、ペットボトル入り紅茶飲料の認知度です。このようにアグレッシブな姿勢の業界ですから、茶葉の総輸入量は増えております。世代の違いによる嗜好の違いと結論づければそれまでですが、農産物である茶は、気候の違いによる品質上の変化こそあれ、そのまま飲むのがいちばん自然です。人間がやたら手を加えることによって、自然界から取り返しのつかない復讐を受けることにもなりかねません。どうか、各紅茶飲料メーカーは、不必要な茶飲料の増産のために生態系を破壊することのないように願います。紅茶パッカー（茶商）も、いま一度ふつうの紅茶を愛し、飲みつづけている消費者のために、過度な広告をかけず、採算の取れる範囲でふつうの紅茶販売に挑戦してほしいものです。

こんな話もあります。トイレットペーパーの世界でも紅茶と同じコンセプトの現象が起こり、やたらとフレーバーや模様の入ったものが多くなってきているそうです。トイレットペーパーはあくまでトイレットペーパー。ふつうのトイレットペーパーが主軸であってほしいものです。

「英国の紅茶タイム」という名前のカモミールフレーバーつきトイレットペーパー。

NHKのある番組より

以前放映されたNHKのテレビ番組「ためしてガッテン」が、なぜかわたしのまわりで紅茶に関する番組としては今までに例を見ないほど話題になりました。放映前日と当日には紅茶好きの友人から「堀江さん、面白そうな紅茶の番組があるから見てみれば」と親切な電話を受けたほどです。残念ながら当日は仕事の関係で見ることができなかったので、録画したものを友人から借りることになりました。

ベース部分の内容は特に画期的なものではなく、紅茶を購入するとそのパッケージに同じような内容が必ず明記されている「紅茶をおいしくする英国伝統のゴールデンルール」である、①ティーポットを使う、②茶葉を正確に量る、③汲みたて沸かしたてのお湯で淹れる、④じっくり蒸らす、以上四項目を、もう少し具体的に実例を示しながら体験するものでした。

既に紅茶と上手に付き合っている人びとにとっては少しくどく、かえって紛らわしい場面もありましたが、これから紅茶と付き合っていこうというビギナーにとっては、非常に有意義だったと思います。たとえば紅茶用器具としてよく喫茶店などで見かける、「メリオール」という名のピストンつきの円筒形のポットは、紅茶には不向きであること。丸型のポットが、茶葉を開きうまみをしっかりとお湯に溶け出させるのには最適であることなど。ここで茶葉がポットの中で浮かんだり沈んだりを繰り返すことを表現する「ジャンピング」の現象がかなり詳しく説明されていました。

第一部にも書きましたが、最近ではこの言葉がだいぶ普及したようです。番組では「ジャンピング」を説明することで、紅茶を淹れるためにティーポット（急須）が必需品であることを訴求していました。また、紅茶を淹れるための水に関しても、軟水である日本の水道水が最適であることを説明していました。

まあ、以上の事項をしっかりと守りながら紅茶と上手に付き合っていけば、いつの間にか紅茶の魅力に取りつかれ、ヘビーユーザーになり、結果的には紅茶に含まれているタンニン（カテキン）の効果で健康にもよいということになるのですが、そこはやはりテレビ番組。「面白いほうがよい」というコンセプトからか、番組締めの実習コーナー「おいしく健康に！　あったか紅茶」で紹介していたのがなんと「ロイヤルちからティー」なる、摩訶不思議なバリエーションティーのレシピ。

これは煮出して作るチャイまたはシチュードティー（デモンストレーションに来ていたティーインストラクターの所属する日本紅茶協会での名称はロイヤルミルクティー）に、きな粉と焼いた餅を入れたものです。紅茶に興味を持ったビギナーには「へえ～、紅茶ってこんなこともできるの」と一過性の興味をそそらせるのでしょうが、既に紅茶をゴールデンルールに従って淹れている人びとの反応としては、ほとんどが「あ～気持ち悪い！」でした。好奇心の強い紅茶好きの友人はレシピ通りに実際に作ってみたそうですが、やはりおいしいとは言えなかったそうです。紅茶は嗜好品ゆえ、なにをぶちこもうがとやかく批判すべきではないと思いますが、ロイヤルちからティーから私は、茶室でゆっくりと抹茶と生菓子を楽しんでいるときに生菓子を抹茶の茶器に放りこむ、という下品で無作法な行為を連想してしまいました。「紅茶（茶）は紅茶（茶）である」という単純な原理をないがしろにしたくないものです。

ロイヤルちからティー

友人に「煎茶に親しむ会」に誘われました。というのは、主催者の方が九〇歳のご高齢にもかかわらず非常に進歩的な方で、今回の茶会は煎茶ではなく紅茶を使ってやってみようということで、その関係で是非私にも参加してほしいということになったようです。

茶会の形式は茶室で従来通りの挨拶、季節に応じた生け花、掛け軸、茶器の説明、そして非常に優雅なお点前で点てられた紅茶、それに添えられた生菓子。

私は紅茶をいただきながら、添えられてある春の生菓子（よもぎ団子）を味わい、茶器を観賞しながら至福のひとときを過ごしました。

各種の茶（紅茶・緑茶・ウーロン茶）を嗜む際、なにかその茶に会った菓子類を準備することは、日本人が長年にわたり実践してきた、非常に茶にとって好ましい習慣だと思います。特に日本茶の場合は、茶会を通じて日本の四季折々の素材による季節感のある生菓子が考案されています。

さて、この紅茶茶会を楽しんでいたときに、突然前項の「ロイヤルちからティー（紅茶の中にきな粉と焼いた餅を入れたもの）」を思い出し、ひとり笑ってしまいました。と同時に、私が冗談にでもよもぎ団子を茶器の紅茶の中にぶちこむ情景を考えると、とても恐ろしくなってしまいました。茶道の精神もティーインストラクターの超越した前衛的（？）発想の能力にかかれば、このようなとんでもないことになってしまうのです。まあそれは別にして、久しぶりに茶室で、ゆるぎのない美を追求した茶会を体験しました。

それにつけても、紅茶を普及させていく上で、このようなとんでもないレシピを一般人が発案した場合、たしなめつつ茶の本来あるべき姿を指導すべきなのがティーインストラクターの務めではないかと思います。現実はインストラクターが率先して変なレシピを考案しているのですが…。

この「ロイヤルちからティー」に関してはずいぶんとたくさんの紅茶好きの方々から意見が届きましたので、次回も続けたいと思います。

続・ロイヤルちからティー

前々項・前項でぶつぶつ言っている「ためしてガッテン」の紅茶特集については、ずいぶんたくさんの方々から手厳しい意見を頂戴することができました。

私が最も不思議に思ったのが、あの気持ち悪い「ロイヤルちからティー」に対して私のまわりではだれからも肯定的なコメントがないのに対し、あの番組のビデオをもう一度振り返って見てみると、パネラー全員が「ロイヤルちからティー」をいかにもおいしそうに飲み、微笑みを浮かべながら称賛している点です。料理関係の番組では、えてして料理に対するコメントはスポンサーの関係からか「おいしい」一辺倒になりがちで、なかなか「おいしくない」とは発言できないようです。しかし公共放送であるＮＨＫの番組であるなら、ひとりぐらいはおいしいかどうか判断しないパネラーがいてもよかったように思えます。そのほうが信ぴょう性があったのではないでしょうか。

今回は、この番組を見た当店のお客さま二名の意見を載せておきます。

（1）私は仕事や勉強でイギリスやスリランカへ行く機会がよくあり、行く度に目にするのが、みながとにかく気軽に自然に紅茶を飲んでいる光景。きちんと新鮮な熱いお湯で紅茶を淹れるという、いたってシンプルな方法で、日常的に紅茶を楽しんでいるのだ。ある人は店先で。庭で。歩きながら。思い思いの場所で。かたや日本に帰ってくると、なにかとこねくりまわして作り出された紅茶の多いこと。なぜこんな複雑なことになっているのだ。せっかく質のよい茶葉が輸入されてきているというのに、その味を楽しむ人がとにかく少ない。茶葉を摘んでいる人たちと接したことがある私にとっては、茶葉がそういう扱いを受けているのが悲しくもある。日本の皆さん。「紅茶」を飲みましょう！「紅茶」の味・香りを本当に知っていますか？以前放送されていたTVの冒頭では、これで多くの人が「紅茶」を楽しむようになると、心安らいだのだが、最後の最後で「ロイヤルちからティー」?! 私は大きく溜め息をついた。紅茶を普及させる立場の人が紅茶を紅茶でなくしているのだ。世界を見渡してみよう。こんなにややこしく紅茶を飲む国はあるのだろうか？

（2）最近、気になったこととして、NHKの「ためしてガッテン」で紅茶が取り上げられたのがあります。私も妻から「今晩のガッテン、こんなんあるから見よう！」と誘われ、いっしょに夕食後の紅茶を楽しみながら見ていたのですが、紅茶の淹れかたの基本について一通り解説の後、日本紅茶協会の「ティーインストラクター」なる女性が出てきて、チャイに焼いた餅ときな粉を入れた「ロイヤルちからティー」の登場となりました。第一印象は「うえ～、きもちわるぅ～！」。続いて「ひゃ～、もったいない！」。これに対して堀江さんがどんな印象をお持ちだったか聞いてみようと思っていたところ、「ためしてガッテン」についての原稿を見せていただいたのでした。やはり私の印象と同じで、紅茶になにをぶちこもうがまったく自由だが、茶室でゆっくりと抹茶と生菓子を楽しむときに、その生菓子を茶器に放りこむという下品で無作法な行為を想像した、と書かれていたことには本当に「ガッテン！」でした。いくら天下のNHKでもやっていいことと悪いことがあるでしょう。しかも「ティーインストラクター」が率先してこんなことをやっていたので、前半の部分も含めて軽薄な番組となってしまった印象を禁じえませんでした…。

余談になりますが、番組放映後、ジャンピング（？）を確認したいためか、テレビで使用されたガラスのポットに関する問い合わせが一時的に集中しました。それと、湯の温度に関しても九五℃とか九八℃とか一〇〇℃（物理的に不可能）とか、ずいぶん迷われた方が多くなり、そのうちに温度計つきジャンピング（？）観察用のガラスポットが発売されるのではと思ったほどでした。

とはいえ、日ごろから紅茶を飲んでいる方はあまりこの手の話題には影響されず、紅茶を楽しみつづけていられるようです。

追記：その後、「ジャンピングティーポット」や「ジャンピングティーサーバー」といった名称のポットが有名なガラスメーカーから発売されました。温度計つきのポットが出る日もそう遠くはないかもしれません。

ペットボトルから見つけたこと

第一部で、商用と休暇を兼ねてシンガポール経由でインド（コルカタ）に、友人の父親の病気見舞いに行ったことを書きました。今回は、友人の結婚式に招待されたので、商用を兼ねて同じくシンガポール経由でスリランカに行ってきました。スリランカは水に関してはインドとまったく同じ状況のため、私にとって日本ではほとんど不要なペットボトル入りミネラルウォーターをシンガポールから携帯する運びとなりました。

さて、無事スリランカの行事も終えた帰路でのこと。普段は、シンガポールから帰阪する際には水に関してなんの心配もありません。機内では食事時および必要時には大型タンブラーで水を提供してくれます。今回は関西へのフライトが深夜便であった関係で、消灯時にひっくり返してこぼす恐れがあるためか、ペットボトルのミネラルウォーターが用意されました。

そこでスクリュー式キャップを開け、ペットボトルに直接口をつけて飲むことになったのですが、この行為が液体をそれに適した器に入れて飲むのとはまったく異質の感覚であるということを、今回あらためて認識しました。

一言で表現すれば、ペットボトルは幼児期における母親の乳房に感触・形状が似ているので、本能的に飲み手を幼児回帰させてしまうのです。唇をあてペットボトルから直接ちびりちびりと飲むとい

う ある種の快感は、どうも飲料というものを本来の目的から遊離させてしまったようです。

このことがちょっと気になったので、ペットボトルのリユースを兼ねて、その空ボトルに水を詰めて、機内から持ち出すことにしました。すると関西空港からJR大阪駅までの間、水を必要とするほどは喉が渇いていないにもかかわらず、車内でちびりちびりとそれを飲んでいたのです。いったんこの悪癖が身につくと、カップ・グラスで飲むよりもペットボトルで飲むほうが、ストレスの多い現代人にとっては心地よいようです。缶よりもペットボトルの方が市場において優位になったのが、それを立証しているようにも思えます。

ふだん、家庭であれば、水や茶といった飲料はカップ・グラスなどしかるべき容器を使って飲まれます。たとえばフランスのボルドーワインとブルゴーニュワインのグラスの使い分けや、紅茶碗とコーヒーカップの使い分けなど。インドにおいてチャイをクリと呼ばれる素焼きの器で飲むのもその一例と言えるでしょう。例を挙げたらきりがありません。人類は飲み物と器に対して長い時間と経験を通して、よい関係を作ってきたのです。

ところが、ペットボトルは、短期間で化石燃料という有限資源を使い果たし、環境破壊に自動的に組み込まれていきます。また消費者はあのペットボトルの口からちびりちびりと飲む快感が忘れられず、幼児回帰本能を上手く合理的に触発されて、自動販売機やコンビニエンスストアを通じて、大量消費させる売り手側のコンセプトにすっかりとはまることになります。

最近では「個性化ペットボトル」ということで、ペットボトルの手に取った感触を重視したものまで開発されていて、まるで乳房から幼児が自分の手で持つ哺乳瓶に成長段階で変わっていく形状の変化をメーカーが考えているかのようです。邪推かもしれませんが。

本来の茶葉はこういった状態で日本へとやってきます。

ペットボトル緑茶と着物

日本人と着物の関係は、年々希薄になっているようです。今年唯一着物姿を堪能できたのは、家族で新年会を行なった日本料理店での見事な着こなしでした。日本料理店であればあたりまえの情景が珍しく感じられるのも、それだけ着物姿に接する機会が珍しくなった証左でしょう。ついでながらその日本料理店では、あたりまえと言ってしまえばそれまでですが、先付けに始まって吸い物、造り、祝膳…水菓子でコースが終了するまで「焙じ茶」や「煎茶」がタイムリーに提供され、料理の味を引き立てていました。また揚げ物に抹茶塩が使われていたのも印象的でした。

抹茶は、緑茶の健康イメージを強調する色、添加しやすいパウダー状であることから、最近では世界的にもずいぶん普及してきました。緑茶の分類上(玉露・かぶせ茶・煎茶・茎茶等)、抹茶はいちばん応用の利くアイテムだと思います。

この抹茶の応用は、今から四五年ほど前に、茶仲間として懇意にさせていただいている京都・先斗町のお茶の店「長竹」の長竹俊三氏がソフトクリームに抹茶を添加したことに原点があると信じます。彼の茶、特に緑茶に対する情熱は並外れたもので、色々なことを試みたようですが、中でも世界に広まった抹茶の応用は、どうも彼の店から企業が拝借したようです。老婆心ながら、彼のためにここに証しとして記しておきます。

緑茶と着物の関係は、最も着物が似合う京都を舞台にますますエスカレートしてきました。テレビのコマーシャルでは、京都の若女将に扮した女優が着物姿でペットボトル入り緑茶をラッパ飲み。京都の美観を損なうような自動販売機にも、着物姿の女性がＲＴＤ緑茶をおいしそうに持った広告が貼られ、消費者に媚びを売っています。

さて、そのＲＴＤ緑茶の商品表示を見てみましょう。原材料名は間違いなく「緑茶」となっていますが、品名は「緑茶（清涼飲料水）」。非常に曖昧な位置づけです。今の世の中、緑茶と言えばＲＴＤ緑茶が「本物」なのでしょうか？ 飲料メーカーと組んだ京都の歴史のある伝統的なお茶屋さんの本物の茶葉が、ＲＴＤ緑茶の売り上げに押されて売れなくなったという、笑うに笑えない現実もあります。

この観点から考えると、ＲＴＤ緑茶は緑茶のグレーゾーンにあるような気がしてなりません。数年前に「その年の漢字」となった「偽」という字がふと頭に浮かびます。茶はやはり茶葉を使って飲みたいものです。なぜか。答えは非常に単純です。本物の茶葉を確認することができるからです。

クリよ自然に還れ

クリ。日本の紅茶の世界で、ふだんはあまり聞き慣れない言葉ですが、インドに関心があり、インド紅茶、特にチャイをご存じの読者には聞き覚えのある言葉だと思います。この「クリ」は、少し前まで日本では認知されておらず、ガイドブックなどで紹介される場合は「素焼きのカップ」というような表現がなされてきました。しかし、最近ではこの名称もだいぶ知られてきたようです。簡単に紹介しておきましょう。

クリは英語ではMud cupと呼ばれ、まさに泥——粘土を原料としてクリ職人の手で小型モーターのろくろ、または手回しろくろで製造されます。慣れた職人の手になると、一日五〇〇から六〇〇個を作ってしまいます。使い捨てであるため、そのぐらい作らなければとても間に合わないのです。さて、ろくろによりクリの形に仕上がると、乾燥の作業に入ります。四角形の厚い大きな板の上に整然と数百個のクリが並べられ、雨の多い季節では室内で、雨の少ない季節には屋外でおよそ半日、自然乾燥させます。乾燥して固くなったクリは釉薬を使用せず、そのまま窯にかけられます。消し炭や牛糞を燃料としているため火力はありませんが、直火でゆっくりと一二時間かけて焼き上げると、あの赤茶色のクリの完成です。

この素焼きで仕上げるのが、クリにとって最も魅力のあるところです。インド、特にカルカッタ（現在はコルカタと呼ばれていますが、本項ではノスタルジーを込めて「カルカッタ」と称します）の路上のチャイ屋は、長年にわたって陶器のカップやグラス、そしてクリでチャイを提供してきました。陶器のカップ・グラスはバケツに汲み置かれた水で洗い、再使用されます。このかなり汚れた水で洗われた容器は外国人にとって非衛生的で、あまりお勧めすることができません。しかし、その中でクリだけは一回ごとに使い捨てなので、とても衛生的です。また、素焼きのクリの素朴な形状の美しさは芸術的でもあり、土の暖かみがクリを持つ指先から伝わってきます。

エコロジーやリサイクルを教えこまれた日本人にはこの一回限りの「使い捨て」が気にかかるところだと思います。ところがクリのシステムは、自動販売機でRTD-Tea（缶やペットボトルに詰められた液体紅茶）を買うのとは大きく異なります。日本では最近、アルミ缶・スティール缶・ペットボトルのリサイクルが義務づけられましたが、これは結局リサイクルのために莫大なエネルギーと経費がかかってしまう上、有限の資源を浪費することになります。しかし、クリに関しては心配はいりません。ポイ捨てされたクリは素焼きであるため、そのうちに人に踏まれ、車に踏まれ、牛に踏まれ、粉々に砕かれていきます。また雨が降れば溶けて土に還ってゆきます。クリは環境にやさしく、安価で、衛生的である上、インドが生み出した自然のリサイクルであり、とても魅力的な消費形態なのです。そして、この自然のリサイクルがいつまでも伝承・継続されていくと思っていたのですが…。

カルカッタから帰ってきた友人から、私が最も危惧していたことが起こり始めていることを聞きました。素焼きのクリに替わってプラスチックのクリが登場したとのこと。その後の訪問で、プラスチックのクリをカルカッタのあちらこちらで目にして、大いなるショックを受けました。実際に飲んでみたところ、素焼きのクリに比べて土の暖かみもなく、プラスチックの不気味な感触。やはりチャイには素焼きのクリが一番似合う事実を再確認しました。

ところで、友人を通じて、わたしのクリに関する見解を現地の新聞に投稿することにしたのですが、結果はどうなることやら。実際のところ行政はこの現象にはあまり関心がなさそうです。

追記：その後、ちょっとうれしいニュースをテレビで見ました。インドの国営鉄道の車内でのティーサービスが、プラスチックの容器から自然に土に還る素焼きのクリに戻ったそうです。ひょっとしたら私のクリに対する熱い思いがインドに通じたのかも…。

素朴な素焼きの器、クリで飲むチャイ。

クリを作る職人。

土に還るクリ。

おお、パンジェンシー

紅茶に関心のある方の間で、一時期話題になっていた言葉があります。あるペットボトル入りの紅茶飲料、RTD-TeaのCMに使用された英語の「PUNGENCY」なる単語です。CMでは美人女優が「おお、パンジェンシー」と視聴者に語りかけていましたが、ほとんどの視聴者にとってこの言葉は聞き慣れぬものでした。これが以前発売された同じメーカーの商品である「エスプレッソティー」であれば「エスプレッソコーヒー」からの造語であることはすぐわかり、飲む前にその商品のイメージがインプットされやすくなります。しかし、今回のこの言葉はどうでしょう。ぜんぜん知られていないことで、消費者に幻想的な「ありがたみ」を押しつけるのが、その販売上の作戦かもしれません。とにかく「?・?・?」となってしまう単語でした。おそらくこのパンジェンシーというのは、英語にかなり精通した方でもふつうは知らない単語です。ここでは詳しい意味を省略しますが、時間と好奇心のある方は辞書を引いてみてください。

実はこの単語は茶商、特にティーテイスターが仕事で使うテクニカルターム（専門用語）で、紅茶審査のときには使用しても、日常会話ではあまり使わない単語です。では、実際に辞書を引かなかった方のために簡単に説明しておきましょう。紅茶を審査する際には、次の五項目を元に審査を行ないます。すなわち①外観、②味、③香味、④水色《すいしょく》、⑤茶殻。

パンジェンシーは、その中の「味」のカテゴリーのひとつで「心地よい渋み」と解釈され、優良品質の紅茶にとっては重要なファクターのひとつなのです。このように紅茶審査における専門用語をRTD-Teaが使用することで、話題作りをしたというのが実情だと思います。これも、紅茶に対してマニアックになりすぎた、現代におけるフェイクの紅茶文化のひとつではないでしょうか。

さまざまな国の日常用ティーポット。日本では陶磁器やガラスが一般的であると思われていますが、全世界規模で見るとステンレスやアルミ、ホーロー製のティーポットのほうが多く使われています。

ついでながら、同じ紅茶の「水色」を審査する際に使用されるテクニカルタームのひとつに「BRISK（生き生きとした）」という単語があります。こちらは英語社会でも比較的聞き慣れた言葉で、「（商売などに）活気がある」「（天気が）心地よい、爽やかな」「飲み物が盛んに泡立つ」など、日常生活に非常に関係のある表現にも使われます。

この「ブリスク」、トーマス・リプトンのティーバッグのパッケージに、紅茶の品質を強調するコピーとしても使用されていたことがあります。ともかく、同じテクニカルタームであるなら「ブリスク」を覚えておくほうが「パンジェンシー」よりもよっぽど使い途があります。そう言い切ってしまえるほど、あの語彙の使い方には違和感を覚えるのです。

観光客向けに売られているティーセット。

世紀末的紅茶風景

カルチャーセンターや調理学校での紅茶の話演・講義依頼が多い中で、先日、ある旅行専門学校の講義依頼がありました。国際商品（コーヒー・紅茶・ココアは国際的嗜好品）としての紅茶は、旅行関係の勉学をする受講生にとっても魅力のあるカリキュラムのひとつではないかと考えた私は、依頼を受けることにしました。私にとっても、料理関係と異なった側面からマーケティングができると期待したのです。

ところが初日の講義で、カルチャーセンター・調理学校ではかつて経験したことのない異様な光景に遭遇しました。その異様さとは、まず、受講生の大部分が授業中に携帯電話（特にスマートフォン）をいじっていることです。今のご時世、携帯電話を所有していること自体に神経をピリピリさせることはないのですが、問題なのは、みながあたりまえのように授業中それを使っていることです。受講生の何人かは教壇の遠近に関係なくオンラインゲームをしています。ある大学教授が授業中に雑談が少なくなったので原因を調べてみると、受講生の半数がインターネットでチャット（画面上で行なわれるおしゃべり）をしていたという笑うに笑えない話を思いだしました。

次に私が頭にきたのは、机の上に缶・ペットボトル飲料が堂々と置かれていたことです（最近の傾向として、一度開封したら飲み切ってしまわないといけない缶飲料よりも、蓋がついてカバンに入れておき、いつでも好きな量を飲めるペットボトルの方が多数派）。これは従来の教育の場では絶対考えられないことでした。猛暑の際、どうしても水分を補給しなければならないような状況であればわからなくはないのですが…。その上、机に置かれている缶・ペットボトルの大部分が茶関連の飲料です。この状況で紅茶の話をしなければならない私の立場は非常に複雑でした。

講義内容のひとつに「商品としての紅茶の分類」（①ティーバッグ、②ルースティー（茶葉）、③インスタントティー、④缶・ペットボトル入り紅茶飲料 RTD-Tea）というのがあり、説明用に教材として現物を持参していたのですが、これは「紅茶」を語る際に本当の紅茶がどれかを理解させるためのものでした。しかし世紀末の紅茶消費者である学生たちはむしろペットボトル入り紅茶飲料こそが「紅茶」と認識している頭脳構造に作り替えられていたのです。

日本人の食生活はどんどん変わりつつあります。紅茶であれば、茶葉を使って淹れた伝統的なティーポットによる淹茶法の習慣が、日常生活ではどんどん衰退する傾向にあります。そして、工業化されたRTD-Teaが教育現場にも堂々と侵入してきているという憂うべき現象。もともと紅茶が茶葉のまま買われ、消費されている限り、このような嘆かわしい現象が起こり得るはずがないのですが、茶葉が液体化（大量生産）され、自動販売機で大量消費されることは、どうやら人間の正常な頭脳（性格）まで変えてしまう作用があるようです。

いみじくも貝原益軒の『養生訓』（一七一二年）に「口から入るものは天性を変えるぐらい大切なものだからよく選べ」とあります。紅茶のマーケティングも経済的な利益追求優先の商品化ではなく、もう少し正しい健全な消費に通じる日常商品が見直される時代になってほしいものです。

忘れられ始めた伝統的紅茶、リプトンの青缶

紅茶愛飲家でも四〇代以上の方はおそらく、たとえ他のブランドの紅茶を飲んでいても、その名を聞くとすぐに頭に思い浮かべることができるほど、「リプトンの青缶」は知名度の高い商品です。その著名な商品が、四〇代以下、特に情報誌などのメディアにコントロールされている、いわゆる一過性の紅茶マニアの間では、残念ながらもはや存在すら知られていないのが現状です。

ここで青缶を飲む機会のなかった読者のために、少し説明しておきましょう。リプトンの「グリーンラベル（青缶 Extra Quality エクストラ・クオリティ・セイロン）」は、戦前からおなじみの伝統的なリプトンイメージの代表格で、セイロン原産の高級紅茶の標準品です。茶処京都・宇治市と一九八六年から姉妹都市提携を結んでいるスリランカ南地のヌワラエリヤ周辺（標高二〇〇〇メートル前後）の茶園で栽培されたハイグロウンティーをベースとして、リプトンのブレンダーが吟味し、ブレンドした逸品で、深い味わい、デリケートな香り、澄んだ紅色は、リプトンが生み出した傑作だと思います（ただし日本以外の国で販売されているものはブレンドが異なります）。また、高級茶葉を使っているにもかかわらず値段がリーズナブルであることも、その特色のひとつです。

包装形態は、以前はその使用目的によって典型的な三段階がありました。

親子四人の理想的ヘビーユーザー用、または業務用の一ポンド缶(四五〇グラム)。紅茶の好きな夫婦、

または独身のヘビーユーザー用の1/2ポンド缶(二二五グラム)――現在は販売されていません。ビギナー用の1/4ポンド缶(一一〇グラム)。

消費者の立場から言うと、これに補充用のリフィルがあればいいのですが、残念ながら存在しません。「青缶」愛飲家としては、これ以上パッカーの経営効率化による「死に筋商品」にならないことを願ってやみません。

茶園で摘まれた茶葉。

東南アジアで紅茶を飲む

インド・コルカタに商用の途中、シンガポールにて二日間のトランジットがありました。そこで出会った対照的なリプトン紅茶について、今回は書こうと思います。

関西空港からシンガポールに向かう飛行機の機内で見たシンガポールの著名なグルメ雑誌 *Wine & Dine* で、あるホテルが提供しているアフタヌーンティーの広告を見つけました。写真を見る限り、値段の割に豪華です。さっそく行ってみました。三名分注文したのですが、なんとポットにリプトンのティーバッグ三袋で湯が六カップ分以上、まさに色つき湯が出てきました。ホテル側の紅茶に対する知識不足なのでしょう。せっかくのちょっとフォーマルなアフタヌーンティーなのですから、ホテルとしてはやはりルースティーを使用すべきだったと思います。

もうひとつは、シンガポールの伝統的でローカルな大衆レストランや紅茶屋台で飲むことができる、濾過法によるTeh-C（テ・シー）。これはネルのフィルターにリプトンのダストティー（最も小さい形状の茶葉。ほぼ粉状）をたっぷり入れてかなり濃い紅茶を抽出し、それにコンデンスミルクを加えて供されます。これがなんと八〇セント（約五六円）。ホテルの色つき湯と比べると、味の点でもコストパフォーマンスの点でも断然優っています。同じリプトンのブランドでありながらまったくの別物。紅茶というのは適材適所、正しく使用されてこそ茶葉の持つ魅力が発揮されるものであるということがよくわかります。

「日常茶飯」という表現があるぐらい、茶は生活に密着しているもの。インドの路上のチャイの魅力、そしてシンガポールの大衆レストランのや紅茶屋台Teh-C。少なくともコルカタにはペットボトル入り紅茶は皆無であったたし、シンガポールでは日本の飲料メーカーが輸出しているものを除いて、自動販売機をほとんど見かけることはありませんでした。

ティーハウスムジカのアフタヌーンティー。

宝の持ち腐れ？

以前あったちょっと珍しい本に関わる試みを書いておきましょう。

実行不可能な、また仮にレシピ通りに作ったとしてもまったく無駄な材料（たとえばマスカットやメロンなどの高級な果実）の消費に過ぎないアレンジティーばかりが載った紅茶の本が多い中で、茶（紅茶・緑茶・中国茶）全体の基本をしっかりと押さえ、「おうちで紅茶・緑茶・中国茶」と茶葉の説明のページを設けた京阪神エルマガジン社の『京阪神お茶の店』（現在は絶版）。

興味深かったのは、本の「おまけ」に、茶葉を計量するためのキャディースプーン（ティーメジャー）がついていたことです。なかなかにすばらしい本だったのですが、欲を言えばこの企画、ポットを使っての茶葉消費に繋がるということで、紅茶業界の団体である日本紅茶協会あたりが「紅茶の日」にでも出版してくれれば…とつい思ってしまいました。

なお、この本には面白い、というか残念なオチがあります。裏表紙がなんと飲料会社による京都の有名茶商のペットボトル入り緑茶の広告だったのです。これが緑茶であれ紅茶であれウーロン茶であれ、なにがしかの「茶葉の」広告であったなら、「おまけ」のキャディースプーンにもっと意味を持たせることができたと思われます。

かつて日本で売られていたさまざまな紅茶のパッケージ。

ニュージーランドの紅茶文化

イギリス以上にイギリス的な部分の多い国ニュージーランドでは、ポットに茶葉を入れる淹茶法が、ティーバッグであってもルースティーであっても、もう完全にあたりまえになっています。人口わずか約四四七万人（二〇一三年）でありながら、紅茶消費量一人あたり年間一二〇〇杯（日本はせいぜい二〇杯程度）。紅茶を日常がぶがぶ飲むスタンスの彼らにとっては、紅茶を購入するのにけっして迷ったりしません。

ニュージーランドにはいま日本で流行している、何百種類もの茶葉を置いた雑貨屋風紅茶専門店などは存在せず、専門店は大都市にせいぜい一～二軒。「Coffee and tea specialist」という看板で、原産国別のコーヒーと、トワイニングの典型的な六種類のアイテム、プラス五～六種くらいのいわゆるスペシャルティーと呼ばれるもの（キーマンやラプサンスーチョンなど）が量り売りされているぐらいです。最近では世界的な傾向か、多少フレーバーティーも販売されています。

さてこの種の店は、日頃スーパーマーケット・食料品店で売られている日常茶がちょっと物足りないと感じている、いわゆるコノシュアー（通人と呼ばれる人びと）に利用されているようです。とはいえ、もちろん彼らも日常はしっかりとスーパーマーケットや食料品店で売られている安価な二五〇グラムのパケットティーを購入し、飲んでいます。特別なときにのみスペシャルティーを使っているわけで、両方の紅茶を上手に使い分けているのです。

それでは、紅茶飲みの彼らが上手に日常購入している紅茶とは、一体どんなものなのでしょうか。

ニュージーランドのスーパーマーケット・食料品店では、おもに二五〇グラムの最も経済的な簡易パケットティー(ブレンドティー)が、原産国表示はまったくない状態で売られています。ニュージーランドに関わりのあった方であれば「Bell Tea」「Choysa Tea」「Bushells Tea」などのブランドを思い出していただけることでしょう。

これらのブランドはすべて各パッカーのティーテイスターによるノウハウでブレンドされ、いつ購入してもほぼ同じ味に体系化されています。このブレンディングのために使用されている原産国はだいたいスリランカ(香り用)、インド(味「ボディ」用)、中国・パプアニューギニア・その他(値段調整・増量「フィラー」用)のようです。

ニュージーランド人の紅茶消費形態はかつてのイギリス人以上に頑固で、一度気に入ったブランドを使用しはじめると、浮気もせず、いつまでも同一ブランドを長期間使用するようです。大家族の場合はなんと五ポンド(約二・二五キログラム)の、日本であればさしずめ業務用サイズのものをスーパーマーケットで購入します。このように彼らは紅茶と上手に付き合っているわけです。

ニュージーランドでの紅茶消費の歴史は長いのです。「the famous New Zealand blend」のコピーで有名なベルティーを例にとってみますと、一八六六年には南島に前身であるR・ウィルソン社が産声を上げています。そしてのちにベルティーの創業者となるNorman Harper Bell氏がメルボルンから加わり、紅茶部門がスタート。こうしてニュージーランドで最も歴史のあるパッカーが、一八九四年にベルティーブランドで流通しだしたわけです。ちなみにベル氏はベルティーのオリジナル・ブレンダーであり、今も継続されているティークーポンシステムの創始者でもあります。

ニュージーランドの消費者は、商品のパケットに封入されているこのクーポンを集めて少額ながら現金が返却されるのを楽しみに、上手に紅茶と付き合っているようです。

ベルティーの広告。

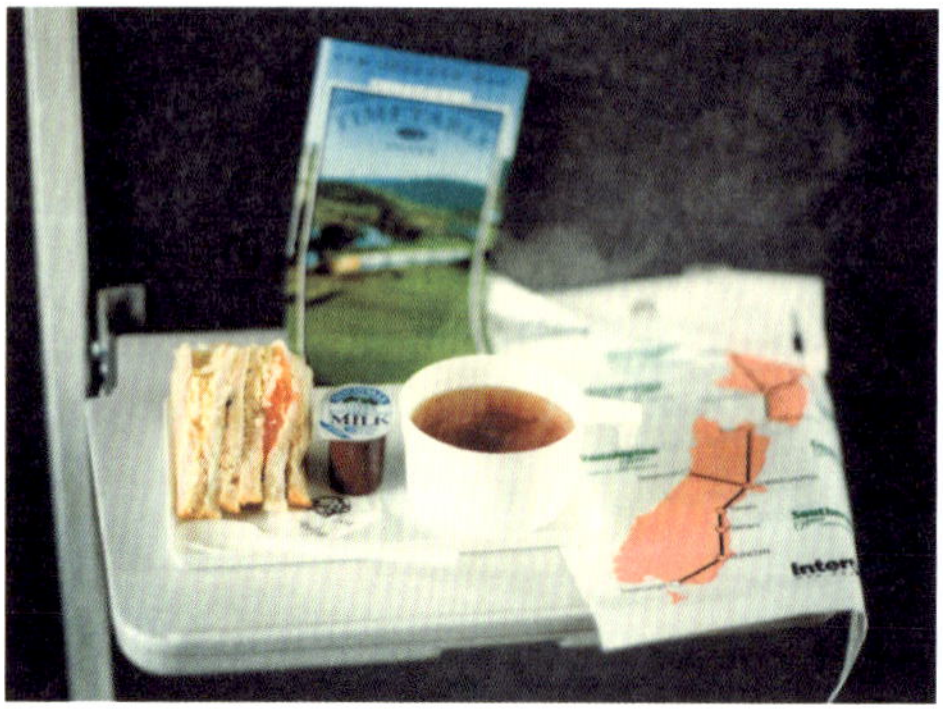

飛行機の機内食にもティータイムが。ちなみにポーション入りのミルクは植物性脂肪ではなく本物の牛乳。

「オシャレ紅茶」の世界

長年、紅茶と関わってきた私の信念を、紅茶の淹れ方に関して撹乱・混乱させるような、少しおおげさに言えば、根本的に覆すような情報が飛びこんできました。

不発酵茶の緑茶は例外ですが、発酵茶である紅茶、半発酵茶であるウーロン茶に関しては、ティーポットを使った淹茶法の場合、世界中のだれもが沸騰直後の熱湯を使うように教えられ、特に紅茶に関する限りはこの方法が世界中の紅茶パッカーや紅茶団体が推薦するものであると、経験的に信じて実行してきました。今でもこの方法がやはり紅茶をいちばんおいしく味わえると信じております。

しかし先日、ある紅茶勉強会の集いで、(私的な会話の中でだと思うのですが)「ダージリンのファーストフラッシュ(春摘みの一番茶)に関しては、多少湯の温度を低くした方がおいしく飲める」というような発言を聞きました。なるほどダージリンのファーストフラッシュは、茶葉は緑がかっている上、水色が薄く、緑茶的な雰囲気を備えております。これはダージリンが寒冷地であり、製造工程で発酵がなかなか進まないことと、香りを重視して茶葉を仕上げること、加えて消費国がこのタイプの茶葉を好む傾向であることに起因しています。しかしもちろん、茶としての分類上はしっかりと発酵茶である「紅茶」です。したがって、私はファーストフラッシュのダージリンも熱湯で楽しんでおります。確かに水色は薄いですが、茶の持つ好ましい成分が多く、しっかりと渋みがあり、高級ワインを彷彿とさせるような滋味をも楽しむことができます。もし飲み手にとって渋すぎるようであれば、湯を加えるとか、好みによっては砂糖や牛乳を加えるとかすればよいわけです。

これで思い出されるのが、今はもう閉店しましたが、かつて京都にあった、ダージリンをぬるい湯で提供していた店です。この店のオーナーは「ダージリンは日本茶における玉露と同じである」と主張し、私の友人である日本紅茶協会認定「紅茶のおいしい店」オーナーのO氏が、提供されたダージリンが少しぬるいとクレームをつけたところ、ひどくお叱りを受けたそうです。

また、東京の有名な紅茶の店で、ファーストフラッシュのダージリンを水出しアイスティーとして提供しているのに出会ったこともあります。正直言って、私にとってはある種のカルチャーショックでした。飲ませてもらったところ、もちろん水溶性の成分は抽出されていて（タンニンなど、ある程度の温度が必要な成分は溶け出していない）、水色も美しく仕上がっていました。確かに、ファーストフラッシュのダージリンの希少価値と奇抜性という点においての付加価値はあるかもしれません。私個人としては納得できない気持ちになりましたが。

個人が紅茶をどのような条件で淹れようとも、それは他人が不可侵の領域ではあります。しかし、せっかく日本紅茶協会のたゆまぬ努力のおかげで、魔法瓶や電気保温ポットのぬるい湯でなく、ケトルから直接の熱湯を使用して淹れる紅茶が普及しはじめた時期に、世界の紅茶総生産量二四〇万トンのうち八〇〇〇～一万トンのダージリン紅茶、それもごく限られたファーストフラッシュにおいて、一見マニアックに見える淹れ方を吹聴することは、正しい紅茶の普及を阻む以外のなにものでもないと思います。

それにしても、最近は迷うことがあまりにも多いものです。先日も紅茶好きの友人から「こんな変な（？）紅茶を雑貨屋さんで見つけた」と渡されたのが、化学の実験で使用する試験管に、一見薬の錠剤に似たハート型をしたものが八グラム（約六〇錠）入っているものです。ウヴァ・ダージリン・アップルなどの種類があって商品名は「ドロップティー」。初めて聞く言葉です。多分和製英語で英和辞典にはないと思います。

名前を聞いたときには一連の紅茶シャンプーやコンディショナー、紅茶クッキー、紅茶キャンディなど紅茶便乗商品のカテゴリーに入るような、紅茶ドロップを連想していました。ところが、その説明書を読んでみると、どうやら菓子のドロップではなく、なんとブロークンタイプの茶葉を可愛いハート型に固めてあるのです。はてさてこれは紅茶としての分類上どうなるのでしょう？

その説明文をちょっと見てみましょう。

ドロップティーの特徴――ふつうの茶葉との比較　①お湯を注ぐとすぐに本来の茶葉に戻るので品質は変わりません。②保存時は空気中の水分に触れにくいので、新鮮さ・香りが長持ちします。③コンパクトでかさばらず、場所を取りません。④なんといっても目で楽しめます。

紅茶飲み、紅茶人間にとっては、わかったようでなんとなく納得のいかない説明と商品。本来正統派であるティーバッグやルースティーよりも、このドロップティーなる商品のほうがいかにも正統派であるような錯覚さえも起こしかねません。その上ドロップティーの飲み方は、説明によれば、なんとイギリス伝統のゴールデンルールを謳っている様子。いやはや恐れ入ってしまいます。

このドロップティーを見て思い出したのが、中国茶の黄山緑牡丹茶です。中国を代表する花と言えば牡丹ですが、その牡丹への憧れから、茶葉を一枚一枝丁寧に牡丹の花びらに見せるよう糸でかがり、製品化した茶葉がこれです。湯を注ぐと茶葉が茶器の中で、まるで大輪の牡丹の花のように開くのです。ドロップティーはこのアイデアをちょっと拝借して、「なんといっても目で楽しめる」というコピーになってしまったのでしょうか?

もうひとつ考えられることは、英語でBrick tea、ブリックティーと呼ばれるもので、団茶《だんちゃ》(人の手の力だけで団子にしたもの)と磚茶《たんちゃ》(大きな圧搾機で圧搾したもの)の二種類があります。どちらも茶が生産されない地域にできるだけたくさんの茶を持ち運ぶのに便利なよう、英名のとおり煉瓦状にして容積を小さくした、歴史的に有名な茶です。ドロップティーのコピーにある「コンパクトでかさばらず、場所を取りません」は、ここからヒントを得たものでしょうか。なんとなくそれっぽくも思え、これまた頭の下がる思いがしてなりません。

いずれにしても未期的・幻想的な「オシャレ紅茶」の世界、正しい茶の消費形態ではとても考えの及ばない画期的(?)な商品が、雑貨屋さんを中心に次から次へと登場するのではないかという危惧の念を抱いてしまいます。

なお、このドロップティーのパッケージである透明な試験管、茶葉に直接光が当たるため劣化が心配です。

スリランカで見かけた、昔ながらの紅茶の広告。

紅茶、ウーロン茶、緑茶

同じカメリア・シネンシス（茶樹・ツバキ科ツバキ属の永年性常緑樹。チャノキ）から製造される飲料でありながら、RTD-Tea と分類されるペットボトル入り茶飲料と本物の茶（紅茶・緑茶・ウーロン茶など）とでは、飲み方に決定的な違いがあります。RTD-Tea は、購入時点で淹れ方にいっさいの工夫の必要なく、温かいもの、冷めたものを瞬時に飲むことができます。確かに便利です。しかし裏を返せばそれは、茶葉がさまざまな環境や条件によっておいしく変化していく過程を楽しむことができないということでもあります。喉が渇いたという生理的欲求を満たすことはできますが、茶を味わうという精神的な満足感や癒しを得ることはできません。また、不幸なことに環境破壊につながる不要品（空の缶・ペットボトル）を毎回残すことになります。いくらリサイクルが可能であると言っても、再生するための費用は残念ながら安くはありません。

一方、伝統的に正しく淹れられた茶葉、特に不発酵茶の緑茶においては、半発酵茶のウーロン茶や発酵茶の紅茶と異なり、茶を急須で淹れる際のお湯の温度によって微妙に滋味が変わることを、町のお茶屋さんから家庭の主婦を通じて家族が伝統的に学んできたものです。また緑茶（特に玉露煎茶）・ウーロン茶においては、お湯を毎回しぼり切って、けっして急須に残さないことがおいしく茶を飲むコツのひとつでもあります。

これらのお茶の魅力は、二煎目はちょっと渋味を楽しむことができ、三煎目もなかなかにおいしく淹れられるので、喫茶を通じてゆっくりと会話を楽しめる上、なにより非常に経済的でもあります。最近の中国茶ブーム（多少一過性の気配はしますが）のおかげで、この三態三煎と楽しむスタイルが浸透し、茶の本や雑誌の茶特集で関心を持つ消費者が増えてきたことは喜ばしいことです。

発酵茶である紅茶の場合、ティーポットや急須に茶葉を入れて、熱湯で淹れた状態で提供します。紅茶が伝統的に飲まれている国では、紅茶とともにたっぷりのミルクと差し湯（ホットウォータージャグ）を提供してくれるものです。ポットに残っている紅茶が、二杯目を飲む際に飲み手の好みより濃く感じた場合は、カップにミルクやお湯を入れて調整すればいいというわけです。

緑茶やウーロン茶の持つ、二煎三煎することによってその滋味の変化を楽しめるという共通点が、発酵茶の紅茶にはありません。しかし最近は、紅茶、特に日本の国産紅茶に対して二煎目を求める傾向にあります。これでは紅茶がかわいそうというものです。はっきり言って、紅茶の場合、一煎目を熱湯でしっかりとしぼり切ってしまうと、二煎三煎したものは出がらしの色つきお湯にすぎません。

紅茶はポットにお湯を足すのではなく、濃くなったカップの紅茶にお湯を加えた方が、バランスのとれた味を楽しむことができますし、雰囲気的にも上品にも見えます。例外として紅茶ヘビーユーザーの国ニュージーランドにおいて、キウイとあだ名される彼らは、会話のためにたっぷりと紅茶を飲む習慣があるのと、ティーポットにたっぷりと茶葉を入れる習慣があるため、紅茶があまり減らないうちからポットにたっぷりと差し湯をすることがあります。これならまだ、少し薄いかもしれませんが味のバランスは取れるはずです。
まあ、お茶はあくまでも嗜好品です。あまり頭を悩ませずに楽しく飲んでください。

一般的なインドの茶葉販売店。

ミネラルウォーターで淹れる紅茶？

ある紅茶の説明書に、使用する水に関して次のように明記されてあるのを発見しました。

「水はできれば軟水をお使いください。日本の水道水は不純物が多いので、おいしく淹れにくいです。なのでペットボトルの軟水表示の水がおいしく頂けます（原文のまま）」。

開業から一貫して、現在の日本の水道水はほぼ一〇〇％安全であると信じ、日本で飲む紅茶にいちばん合う水は日本の水道水であると主張し続けてきた私（ちなみに日本紅茶協会も同じ見解です）は、この説明書にはかなりのショックを受けました。もちろん「水はできれば軟水をお使いください」の文面は、日本の水はもともと軟水であるので、水道水でもまったく問題がないわけです。しかし、「日本の水道水は不純物が多い」という部分はどうなのでしょう。

食べ物でも空気でも、一〇〇％安全というものはこの世にはないはずです。しかし、たとえば地元の大阪の水道局では、水に高度浄水処理をすることによって、夏になると水や水道管から発生するカビ臭はほぼなくなりました。この処理は浄水処理過程で発生する有害物質トリハロメタンを大幅に減少させ、原水中に混入する恐れのある農薬など化学物質の減少や寄生原虫のクリプトスポリジウムの駆除に対しても安全性を高めることが報告されています。

もう少し身近な実例を書いておきましょう。大阪市水道局の発行する水の情報誌「PURE」の記事を参照しますと、大阪・宗右衛門町で四〇年以上にわたって釜飯を出し続けている「幸家」さん、大阪市中央区にあるうどんの「松葉家」さん。両店とも「大阪の水のおいしさは、どこの名水にも負けないと思いますよ。カルキ臭が気になるときは、沸騰させればいい」と言っています。つまり高いボトル入りの水を買うより、水道水に工夫を重ねて料理に合う水を生み出す工夫が必要だということです。まさに納得です。当店も通常の水道水を使用しております。

それにしても、毎日欠かさず飲む紅茶を淹れるために、なぜわざわざ高価なペットボトルの水を購入しなければならないのでしょうか。いつもしつこく主張していることですが、不必要なペットボトルは資源の浪費になり、回りまわって環境破壊に連鎖して汚れた水を生むことになるのです。紅茶にはふつうの水道水で十分です。

ちなみに、軟水ペットボトルの使用を薦めていた紅茶は、水質などあまり要求する必要のない強烈な「人工着香茶」、フレーバードティーでした。

紅茶と上手につきあう①

今回は辛口をやめて、紅茶と上手につきあうためのごく当たり前のことを、復習も兼ねて書きたいと思います。

茶樹（カメリア・シネンシス＝ツバキ属常緑樹）から商品としての茶（紅茶・緑茶・ウーロン茶）が生産される国が三〇ヵ国以上。日本にはおもにインド、スリランカ、中国、ケニヤ、インドネシア（最近ではネパール、バングラデシュなども）で生産された紅茶が直接輸入され、ブランドが冠され商品化されています。

ところが、困ったことに、紅茶はイギリス・フランスで生産されていると思っている人がまだおられるようです。インターネットショッピングサイトAmazonの紅茶レビューにも、「イギリスのメーカーの紅茶なのでイギリス製だと思って買ったら原産国が中国でした。残念です」とクレームを入れる人がいるほどです。日本人のイギリス・フランスコンプレックスは当分続きそうです。

ところで、ここで日本の紅茶流通事情を見てみましょう。たとえば阪神間であれば、コープやスーパーマーケットを中心に流通している「神戸紅茶」は、生産地と消費者間の距離が短く、的を射た商品だと思います。全国にマーケティング展開されている純日本ブランドかつ日本最大手の日東紅茶も同様に、日本中どこでも欠品のないようすばやく供給できるシステムを持っています。

また、たとえイギリス等のブランド（リプトン、トワイニングなど）であっても、消費国の嗜好に合わせて商品化され、原産国から最短距離で輸入されているため、消費者が日常茶として定期的に購入できる価格におさまっているのです。内容量の多い商品（一ポンドや1/2ポンド単位のもの）は、値段も品質も安定していると言えるようです。

賢い消費者が多くなれば、ブランドに頼らず、自分の目でしっかりとその商品の経済性と優位性を発見できる人が増えてくるはずです。とにかく、茶葉を使って、水道から水を汲み、湯を沸かして紅茶を淹れる習慣がつけば、もうしめたものです。そのような習慣がつけば、自動販売機で買う缶やペットボトル入りの液体紅茶がいかにこの地球環境を破壊しているかが自然に理解できるものです。

おやおや、最後にきてまた少し辛口になってしまったようです。お許しあれ。

紅茶と上手につきあう②

前稿で、茶は三〇ヵ国以上で生産されていると書きましたが、世界の全茶生産量四〇〇万トン、そのうち紅茶が約八〇%を占めており、生産国や消費国においてさまざまな淹れ方で大量に消費されています。その最もよい実例が、インドにおける牛乳とスパイスを使った煮出法による「チャイ」でしょう。なお言葉上、同じようにチャイと呼ばれてもトルコのそれは、二段式のポットによるサモワール式で、牛乳は使用されません。

南インド、スリランカ、マレーシア、シンガポールに行きますと、人びとはネルのフィルターを使った濾過法で、形状が小さく安価な茶葉を上手に使いながら、おいしい日常茶を楽しんでいます。また、イギリス、アイルランド、ニュージーランドなどでは、伝統的な淹茶法で紅茶とじょうずにつきあっています。

昨今の日本では、オシャレで一見フルーツカクテル風の何百種類ものレシピが、街中に氾濫している紅茶の本や雑誌経由で人びとに（実際に作られるかはともかく）知られつつあります。日本のこの現象は、紅茶が日常生活と相反した商業主義に利用されている証しでしょう。なんとなく目新しくて格好よければ、世界のあらゆるものを、その存在理由や条件あるいは生活習慣とは関係なく取り入れるしたたかな精神構造が、経済優先人間の日本人にはあるようです。

さて、どうしたら紅茶とじょうずにつきあえるか。私たち日本人は、緑茶とはずいぶん昔から、急須を使用することによってじょうずにつきあってきました。紅茶も同じ要領でティーポットを温め、ティースプーン一杯（BOPでは三グラム、OPでは四グラム）がカップ一杯分を目安に茶葉を入れ、沸かしたての熱湯を最低でも一回にカップ二杯分ポットに入れ、茶葉を十分開かせて下さい。砂時計はいっさい不要です。番茶を飲む時に砂時計を使わないことを思い出してください。適当な時間が過ぎたのち、きっとしっかり抽出された紅茶ができあがっていると思います。

インド・コルカタの街角でよく見かける牛乳の「自動販売機」。隣接した雑貨店で茶葉を買うこともできます。

ストレートで飲んでもよし。また必要に応じて牛乳を加えるもよし、差し湯をして自分の好みに薄めるもよし、砂糖を加えるもよし。この行為を、経済的な日常用の茶葉を使用しながら毎日続けていくうちに、自然と紅茶の魅力が理解できてくるはずです。そうなればしめたもの、いろいろな紅茶のよさがわかることでしょう。

当店のメニューから

大昔の当店の喫茶部門メニューが出てきました。懐かしさ以上に今の時代にも通じることに驚き、ここに転載します。つたない文章ですが、当時の原文のまま…。

★　★　★

単に紅茶らしきものを飲むというだけのことならば、みなさまがた日常生活の上で誰もが経験されていると思いますが、しかし一定の約束事を伴った最も合理的かつ基本的な紅茶のいれ方や味わい方を身につけた上で、それぞれの嗜好に応じた、また独自の工夫などで思い思いに、あなたのティータイムを楽しんでいる方はまだまだ少ないようです。

なにげなく飲んでいる紅茶、この普段と変わらない紅茶にもほんの少しの注意や心遣いひとつで、まったく今まで飲んでいたものとは違った魅力をみつけることができるのです。あなたの最も日常的な生活の中で、紅茶本来の良さが…。

現在、日本には世界有数の紅茶が市場に氾濫しているようです。しかし、それらのどんな高価な紅茶も、ただ色をつけた湯の様な安っぽいもの（?）にするか、全く違った素晴しい紅茶（!!）にするかは、あなたの紅茶に対する関心と、それゆえの基本的知識を身につけられるかにかかっているのです。

だからと言ってただ単に知識をふりかざすのではなく、あなた自身が紅茶をお飲みになる時、〝すてきにおいしい紅茶を味わおう〟という気持を、ただその気持を常にお待ちいただくことが、必要であるように思うのです。

そして私たちは、あなたにおいしい紅茶をお飲みいただくため、少しだけお手伝いさせていただきます。

- 常に自分にあったかつ品質のすぐれた紅茶を選んで下さい。
（高価なものが必ずしもあなたの口に合うとはかぎりません）
- 自分の好みに合った茶葉の量に加減して下さい。
- 水にも充分気を使って下さい。
（鉄分の多い水は、不可なのです）
- 沸騰した瞬間の熱湯を用いて下さい。

- カップ・ポットもあたためておいて下さい。
- 必ずティーポットを用いて下さい。
（急須でも原理は同じです）
- 自分の好みに合った、そしてお使いになる茶葉に合った、浸出時間を考慮して下さい。
- ミルクは普通、家庭で飲用される、牛乳を使って下さい。

これで、あと茶殻こしとティースプーンがテーブルの上に揃えば、ティータイムが始まります。あなたがすばらしいティータイムを過すためにさらに次のような事も知っておかれたらと思います。

- 温かい紅茶は、温かいうちに飲むのがエチケットです。
- まず最初の一杯目は、砂糖・ミルクなしのストレートでお楽しみになってはいかがでしょう。もし物足りないとおっしゃるなら、少し甘いお菓子でも脇にそえて…。
- 二杯目は少し濃くなっていますね。あなたのお好きなだけたっぷりとミルクを入れて、本格的なミルクティーをどうぞ。
- もし、二杯目以後のお茶が濃すぎるようでしたら、その濃いお茶の入ったカップにお湯を足して下さい。
（当店の pot tea は、御一人分二杯が基準となっております。二杯目が濃すぎる様でしたらお湯をお持ちいたします）

ほんのちょっとした事ばかりですが、はじめのうちだけ少し意識して下さい。知らず知らずのうちにあなたは、なにげない、それでいてすばらしいティータイムをお過ごしになっていらっしゃると思います。

どうぞ、あなた自身の手で紅茶をいれる事を、御始め下さい。

紅茶版「野点」。サーメットと呼ばれる野外用湯沸し器を使って淹れた紅茶はまた格別。

JUST IMAGINE!!

以前は日本の農家の生け垣や畦道に植えられていた茶樹から作った自家製茶（緑茶）が、自家消費になり、余分を近所にお裾分けし、小単位で流通したものです。正に環境にやさしい、持続性のある流通でした。

資本主義の確立期に起こった、イギリスにおける産業革命（一七六〇〜一八四〇年）は技術的・経営的・社会的変革で、イギリスの植民地インド・スリランカ（セイロン）でプランテーション産業としてジャングル・森林を伐採して広大な茶園を作りました。

今のところ人類にとって重要な茶は、伝統的な飲まれ方をされている限り、プランテーション産業による量産で世界の茶愛飲家を満足させています。ただプランテーション産業ゆえに低賃金労働・森林の伐採（生態体系破壊）の問題が残りますが。まあ、うまくバランスをとって茶を大切にしたいものです。

その後、茶業界にも産業革命の影響が。一九世紀からアメリカ・日本において究極的な利益・合理システムに変わりました。それが今の日本を主軸として世界に伝えている、化石燃料の消費・環境破壊につながるRTD-Tea（ペットボトル・缶入り茶飲料）です。茶を液体化するために工場で行なわれる大量生産、そして大量消費は、農産物（茶樹）の品質上および生育上の負担にもなると思います。

欲望も資源使用もほどほどに…。茶葉を量産するために新しい茶畑を開発するよりも、近くにある鎮守の森を、森林を残したいものです。

さて「紅茶屋のつぶやき」、あまり嫌われないうちにこのあたりで筆をおこうと思います。

私の仕事は、茶（紅茶）の輸入・販売です。おいしい紅茶、たのしい紅茶、「ほんまもんの」紅茶にいのちをかけています。いまや世間では、自動販売機・コンビニエンスストア・大量のコマーシャル宣伝でペットボトル・缶入り茶飲料（RTD-Tea）があたりまえになりました。しかし、それは、右にも書いたように、化石燃料の消費・環境破壊につながります。私が紅茶（茶CHA）を通じて学んだことは、できれば、茶（紅茶・緑茶・ウーロン茶）は工業的に液体化してペットボトル・缶に詰めるべきではないということです。茶は、お茶屋さんや百貨店、食品店から茶葉の形態で購入し、家庭においてケトルで湯を沸かし、ティーポットや急須で淹れるのが基本です。これがコミュニケーション（C）の少なくなった家族関係を復活させることにもなります。来客の際は、ペットボトルの液体茶を冷蔵庫から出して提供するよりも、ティーポットを使って心をこめて淹れてください。これが本当のもてなしの心、ホスピタリティー（H）です。そしてご近所・友人同士のつきあいもスムーズになり、アソシエーション（A）が自然に形成されます。

茶とCHAによる紅茶の日々が、どうかみなさんの人生においても豊かな枝葉を広げますように。

あとがき

日本でリプトンの青缶が一九〇七年（明治四〇年）に発売され、続けてブルックボンドの「シュプレーム」、日東紅茶、ヒノマル紅茶が、いわゆるハイカラと呼ばれる一部の富裕層の家庭から徐々に一般家庭へと広まっていきました。その後第二次世界大戦中のぜいたく品やハイカラ品使用の自粛、大戦後の米国による占領、朝鮮戦争による日本の軍事景気…。嗜好品としての紅茶は一般の人びとの生活からかけ離れたものになりました。

一九七一年に待望の紅茶の輸入自由化があり、紅茶の原産国（スリランカ・インド）、消費国（イギリス）からあこがれの紅茶が市場に流通するようになりました。それも大量に。そこで日本の消費者がとまどったのが、紅茶の淹れ方です。日本の場合、「ティーポットに茶葉を入れて熱湯を注ぐ」というあたりまえの淹れ方が普及する以前に、茶こしに茶葉を入れ上から湯を注ぐ方法が（茶葉節約の意味もあり）広まってしまっていました。そんな状況を少しでもいい方向に導くため、紅茶屋の私は世界共通の淹茶法、ティーポットや急須を使用して茶葉の成分を抽出するやり方を広めることに専心することになりました。その結果、淹茶法のよき習慣が多少定着したかに思われたのですが…。

残念なことに、現在東京を中心に発信されているのは、紅茶に精通した「プロ」が淹れた、茶葉を抜いた状態のティーポットで提供するスタイルだそうです。こんな例もあります。東京で最初に茶葉入りティーポットでの紅茶提供をはじめた神田神保町のティーハウスタカノに対して、マニアックな紅茶オタクの人が、「ポットに茶葉が入っているとは『シロウト』の店だ」とブログで批判をしています。あくまで正統派であるやり方に対する批判。どこかでなにかが間違ってしまった気がしてなりません。
拙文をお読みになられたみなさんが、あたりまえでおいしい紅茶を日々お飲みになることを願います。

本書は紅茶に対する正しい方向性を提案してくださった私のまわりの方々のおかげで、出版することができました。「めこん」編集部の、プロが頭をさげたくなるような紅茶原産国・消費国への豊富な知識経験を持つ面川ユカさんとの幸運な出会いが、ティーハウス茶摩を経営されている、かつての料理専門学校での私の講義の生徒である荒川芳美さん・和美さん姉妹との茶縁で非常にスムーズに運び、無事完成を見ました。

さらに海外からはインド・コルカタのAmajit & Shona Das、シンガポールのAlbert & Mary Tan、それにニュージーランドのTim & Keiko Garrity、また過酷な気候の国々への旅行にあたり、いつも健康管理面で適切なアドバイスをしてくださる小正尚裕先生、写真の提供をいただいたティーハウスムジカ神戸店《こうべみせ》の前田基之氏、また、この度は本書の帯への推薦文を快く引き受けてくださいました、東京・神田神保町の著名な紅茶専門店、ティーハウスタカノの髙野健次氏、紅茶と正しくつきあうための基礎知識を伝授してくださった荒木安正氏、私の初めての著書『紅茶の本』から約三〇年間なにかと手伝っていただいている下農明日香さん。最後に紅茶家族全員の暖かい支え。心より感謝の意を表します。

二〇一五年四月五日
堀江敏樹

………いつも苦労ばかりかけている妻、堀江悦子の誕生日を出版の日とします。

▼参考文献

荒木安正　一九七八　紅茶技術講座II　柴田書店
荒木安正・松田昌夫　二〇〇二　紅茶の事典　柴田書店
斎藤禎　一九七五　紅茶読本　柴田書店
角山栄　一九八〇　茶の世界史　中公新書
斎藤禎　一九七八　紅茶入門　保育社
林俊郎　二〇〇四　水と健康──狼少年にご用心（シリーズ・地球と人間の環境を考える）　日本評論社
堀江敏樹　二〇〇六　紅茶の本　決定版　南船北馬舎
堀江敏樹　一九九四　紅茶で遊ぶ観る考える　南船北馬舎
堀江敏樹　一九九六　カルカッタのチャイ屋さん　南船北馬舎
堀江敏樹　二〇〇二　紅茶屋のぶつぶつ　芦屋倶楽部人間環境行動研究所

Mr. Tea

ハイ！　元気？　Mr. Tea
そのセーターとってもいい色、似合っている！
今夜はどんなワインを楽しむの？
こうしてムジカの一日が始まる
ちょうど彼が一杯目のお茶をすすっていると
お店にお客が現れる
浮かない顔をしたその女性に
ゆっくりと手を振りながら近づいて
こう話しかける
人生には大切な６つのキーワードがあるんだよ
感謝すること
しっかり挨拶すること
クリエイティブでいること
何にでも興味をもつこと
時には休養も忘れず
そして最後のひとつ
それはそう、あなたの笑顔！
お茶の準備はOK
さあ楽しもう！
ケトルの中でお湯も踊りだした
みんな一緒に温かいカップの中で踊ろう
音楽が鳴り人々が行き交う
彼みたいに素敵な人って他にはいない！

＊この曲は著者をテーマに作られたものです。

Mr. Tea

Lyric by Satoko

Hey, Mr. Tea, so what's up?
You look fab in your sweater, what a good color
Hey, Mr. Tea, what you'll have to sip on tonight
The day is starting to roll
Mr. Tea drinks his cup, a fresh cup
She's showed up at the corner
Then Mr. Tea waved his hand in a slow way
To the lady with a weary face
Out of life you find precious keywords
Thanks and greetings
Plus creativity and curiosity
And the rest, last one, yes, I need your smile
Mr. Tea, now tea is set
Let's bop up!
Water seems to be waltzing
With Mr. Tea, we are dancers in warm cups
The music goes
People come and go
He is irreplaceable!

Satoko
5歳よりピアノを学ぶ。大学時代よりジャズヴォーカルとしての活動を開始し関西に拠点を置く。神戸新開地ジャズヴォーカルクィーンコンテスト神戸放送局賞受賞。現在は日本全国でライブを行なっている。www.satomoon.com

煮出法（stewing method）	手鍋などに茶葉を入れて煮ることで、茶の成分を抽出する方法。有名なものに水や牛乳を沸騰させた中に茶葉を入れて煮出すインド式チャイがある。
ハイグロウンティー	スリランカの6000～4000フィートの高地にある茶園で生産されるお茶。香りや味わいなど、繊細かつ複雑なキャラクターが楽しめる。ウヴァ、ヌワラエリヤ、ディンブラ、ウダプセラワなどが有名。他に4000～2000フィートのミディアムグロウン（キャンディーなど）、2000フィート以下のロウグロウン（サバラガムワ、ルフナなど）がある。
（紅茶）パッカー	茶葉を輸入し、ブレンドしたものを包装して出荷する業者。紅茶販売業者。
発酵茶	摘んだ茶葉をよく揉み、十分に発酵させて作る茶。紅茶が代表的。
パンジェンシー	「好ましく爽やかで繊細な渋み」を意味する、ダージリン茶葉のティーテイスティング時に用いられる専門用語。一般的な単語ではない。
半発酵茶	摘んだ茶葉を、天日にさらすなどしてある程度発酵させた後、加熱してつくる茶。ウーロン茶が代表的半発酵茶である。
不発酵茶	摘んだ茶葉をすぐに加熱し、発酵させないようにしてつくる茶。緑茶が代表的。無発酵茶とも言う。
フレーバーティー	茶葉に香りづけをした茶の総称。おもに1.茶葉に人工香料を噴霧して着香した「フレーバードティー」。2. 花、果実、香辛料など天然素材を混ぜ、香りを茶葉に吸収させた「センテッドティー」がある。
ブレンディング	安定した品質の紅茶を安定した価格で提供するため、各紅茶メーカーが行なう茶葉の混ぜ合わせ。ブレンド。個人が趣味などで茶葉を混ぜ合わせることは「ミックス」と呼ばれ、ブレンドとは区別されている。
メリオール	ガラス製の筒型ポットにコーヒーの粉を入れて熱湯を注ぎ、フィルターをピストンのように押して濾過することでコーヒーを抽出する器具。フレンチプレスとも言う。本来は紅茶を淹れるためのものではないが、日本ではなぜか喫茶店などで紅茶用として使われている。
ルースティー	茶葉を缶やアルミ、または紙パックで梱包した製品。その都度計量して使用するため、茶葉の量や抽出時間で水色や渋みを自由に変えられる利点がある。日本ではリーフティーとも呼ばれる。
濾過法（Filtering method）	ネルの袋にファニングス・ダスト・CTCなどの細かい茶葉を入れて熱湯を注ぎ、繰り返し濾過することで茶の成分を抽出する方法。

水色（すいしょく）	紅茶をカップに注いだときの色のこと。
タンニン	紅茶における旨味の一部である、渋味を構成する成分。高温（80℃）で溶け出す性質を持っているため、水出し紅茶の場合は抽出されない。
チャイ	広義においては広東語由来の「茶」を表わすが、一般的にはインド式に甘く煮出したミルクティーを指すことが多い。なお、トルコの場合は2段重ねのステンレスポットで淹れるストレート（ミルクなし）のものを指す。
茶殻こし	ティーストレーナー、茶こしとも言う。ティーポットで淹れた紅茶をカップに注ぐ際、茶殻が入らないように漉すためのもので、直接茶葉を入れるものではない。
テ・オー（Teh-O）	マレーシア・シンガポールの紅茶の一種で、砂糖のみを入れたもの。「O」は中国語の「烏」（黒）を表わす。他にO kosong（オー・コソン）＝無糖がある。
テ・シー（Teh-C）	マレーシア・シンガポールの紅茶の一種で、コンデンスミルクと砂糖を入れたもの。「C」は有名なコンデンスミルクのブランド「カーネーション」の頭文字を表わす。他にC kosong（シー・コソン）＝コンデンスミルクのみを入れたものがある。
テ・タレック（Teh-tarik）	マレーシア・シンガポールの紅茶の一種。2つの容器に入れたコンデンスミルクと砂糖入り紅茶を高所から繰り返し注ぎ合うことにより、混ぜ合わされ泡だった紅茶。タレックとはマレー語で「引っぱる」を意味する。
ティーキャディー	ティーコンテナ、ティーティンとも言う。紅茶の保存用缶。
ティーコージー	ティーコゼ、ティーポットカバー、茶帽子とも言う。紅茶が冷めないようティーポットに被せておく、保温用のカバー。厚手の綿やキルティング製、毛糸で編んだものなどがある。
ティーテイスティング	専用の「テイスティングカップ」を使用して、同時に同条件下で多種類の紅茶を試飲する作業。おもに茶葉の買い付けやブレンドをする際、各紅茶の特徴を判別するために行なう。
ティーバッグ	2〜3gに計量された茶葉を紙やナイロンなどで包装した製品。カップ1杯につき1袋使用するものであり、1袋でカップ何杯も淹れられるものではない。。中の茶葉は「ダスト」と呼ばれる細かいものかCTCが使われる（この場合の「ダスト」は屑や埃といった意味ではない。茶葉等級一覧表参照のこと）。
ティーメジャー	紅茶の葉を計量するためのスプーン。ティースプーンでも代用できるが、コーヒースプーンはサイズが小さいので不適。
軟水	カルシウムやマグネシウムなどの金属イオン含有量が少ない水（1リットルあたり60mg以上）。紅茶を入れるのに適している。日本の水道水はこれに該当する。

この本に出てくるおもな紅茶用語集

（茶葉の等級は別表参照）

CTC	Crush（押しつぶす）、Tear（ちぎる）、Curl（丸める）の略。茶成分の抽出が短時間でできるように作られた製法。その特徴からインド式チャイによく使われる他、近年はティーバッグの中身としても多用される。
RTD	Ready To Drinkの略。ペットボトルや缶入りの飲料を指す。
アフタヌーンティー	イギリスで、午後に紅茶と菓子・軽食（ケーキ・クッキー・サンドイッチ・スコーン）を楽しむお茶会。19世紀半ばに貴族の婦人たちの間ではじまった生活習慣とされる。皿を3段置ける専用のスタンドを用いることが多い。なお、このスタンドを使って行なうアフタヌーンティーは、発祥の地イギリスでは過去においても現代においてもそれほど一般的なものではない。
インスタントティー	茶葉の成分を粉末にしたもの。お湯や水で溶かすと紅茶になる。糖分やレモン風味・ミルク風味などが最初から加えられているものが多い。
淹茶法（えんちゃほう）（brewing method）	ティーポット（急須）やティーサーバーを使って茶の成分を強制せず、自然に抽出するもっとも基本的な方法。
硬水	カルシウムやマグネシウムなどの金属イオン含有量が多い水（1リットルあたり120mg以上）。
ゴールデンドロップ	ポットから紅茶をカップに注いだときの、紅茶の成分が濃縮されている最後の一滴のこと。ベストドロップとも言う。
ゴールデンルール	紅茶をおいしく淹れるための5箇条。諸説あるが、この本では以下を意味する。1. 新鮮な良質の茶葉を使用する。2. 茶葉の量は形状（茶葉の大きさ）と好みで調整する。3. 新鮮な汲みたての水道水を使用する。4. 水を完全に沸騰させて、沸騰したてをティーポットに注ぐ。5. 必要な時間蒸らす。
シーズナルティー	茶葉の持つ味わいの「旬」に摘まれた紅茶。ダージリンではファーストフラッシュ・セカンドフラッシュ・オータムナル、ヌワラエリヤではピーク・クオリティなどが有名。
ジャンピング	ティーポットの中で茶葉が対流運動（回転）をすること。茶葉が開いて紅茶の風味が一層引き立つと言われているが、ゴールデンルールを守っていれば自然に起きることなので、あまり意識して観察する必要はない。

茶葉等級一覧

（おもなもの）

OP 【Orange Pekoe】	オレンジペコ。茶葉の長さは7〜11mmくらいのものが主流である。ペコは中国語の「白毫」（パイハウ）からきたもので、産毛のついた橙黄色の芯芽のことが多い。オレンジの味がするわけではない。
FOP 【Flowery Orange Pekoe】	フラワリー・オレンジペコ。オレンジペコと同じサイズ（等級）で、芯芽や若葉が多く含まれるものを指す。
FBOP 【Flowery Broken Orange Pekoe】	フラワリー・ブロークン・オレンジペコ。FOPよりひとまわり小さい茶葉を指す。
BOP 【Broken Orange Pekoe】	ブロークン・オレンジペコ。オレンジペコを砕いて細かくしたもの。茶葉の長さは2〜3mmくらい。茶の成分が抽出しやすく、最も需要が多い。
BOPF 【Broken Orange Pekoe Fannings】	ブロークン・オレンジペコ・ファニングス。ブロークン・オレンジペコよりさらに細かいもの。茶葉の長さは1〜2mmで、おもにティーバッグやブレンド用に使われる。
F 【Fannings】	ファニングス。ダストより少し大きい茶葉。おもにティーバッグ用。
D 【Dust】	ダスト。粉状にした細かい形状の茶葉。おもにティーバッグ用。

⦿ なお、これらの等級には国際標準があるわけではないため、各紅茶メーカーによって多少異なる。

堀江敏樹《ほりえ・としき》 ▸ 通称「T-san」、「Mr. Tea」

1936年生まれ、神戸在住。紅茶研究家、辻学園日本調理専門学校講師、大阪あべの辻調理師専門学校講師。堂島の名店として知られたティーハウスムジカの生みの親。著書『紅茶の本』『紅茶で遊ぶ観る考える』『カルカッタのチャイ屋さん』『ティープリーズ』(以上、南船北馬舎)、『紅茶屋のぶつぶつ』(芦屋倶楽部人間環境行動研究所)。

MUSICA Tea(茶葉販売)
〒659-0064 兵庫県芦屋市精道町10-7 矢島ハイツ1F

紅茶屋のつぶやき

初版第1刷発行 2015年4月5日
定価……2000円+税

著者……堀江敏樹©

編集……面川ユカ
装丁……臼井新太郎
発行者……桑原晨
発行……株式会社めこん
〒113-0033 東京都文京区本郷 3-7-1
電話……03-3815-1688 FAX……03-3815-1810
ホームページ……http://www.mekong-publishing.com
印刷……株式会社太平印刷社
製本……株式会社三水舎
ISBN978-4-8396-0290-1 C0077 ¥2000E
0077-1505290-8347